きのくに子どもの村
小学校の

●●●●●●●●●●●●●●●●●●●●

手づくり
おもしろ
学習プリント
［かず］・低学年

低学年

監修：堀真一郎（きのくに子どもの村学園長）

編著：きのくに子どもの村学園

黎明書房

きのくに子どもの村のおもしろ学習プリントの考え方

はじめに

　学校法人きのくに子どもの村学園 きのくに子どもの村小学校。

　こんな長い名前の小学校が和歌山県の山の村に産声を上げてから３０年余りが過ぎました。続いて中学校と高等専修学校もでき、現在では福井、山梨、福岡、長崎の各県に小学校と中学校が開校しています。学園には、日本のあちこちから「もう一つの子どもの村を」というお誘いが届いています。

　本書は、その子どもの村の小学校での基礎学習を進めるために考案されたプリント類の一部です。

なぜ子どもの村なのか

　これまで学園長を務めてきた私（堀）は、元は大阪市立大学に勤める教育学研究者の一人でした。イギリスのニイルやアメリカのデューイの思想と実践に惹かれ、さらに子ども中心の教育理論と実践に学んできました。ところがある時、小学校の高学年の子を対象にした生活実態調査を行ったところ、とてもショッキングな結果が出ました。

　質問の１つに「学校でいちばん楽しいのは何ですか」というのがありました。その集計結果で「学習（授業）がいちばん楽しい」と答えた子の割合があまりにも少なくて、ほとんどゼロに近かったのです。

農村の小学生	５パーセント
大都市の小学生	２パーセント

　いくらなんでも少なすぎます。「友だちと会うのが一番」と答える子があまりに

も多い。大都市では３分の２に迫る勢いです。この結果を見て、私自身も含めて就学前の子どもを持つ親たち数名が「これは大変だ。我が子らのために何とかしたい」と思って「新しい学校をつくる会」が生まれ、我が子らのために学校をつくる活動が始まりました。

学習の質を変えよう

「つくる会」は、まず国内と海外に目を向けてユニークな学校について情報を集め、また自分たちの学校の将来像を明確にするために、学校の長期休暇を利用して小学生合宿を始めました。新しい学校の実際について考えるためです。いろいろな準備に８年もかかって、1992年の４月に最初の小学校がスタートしました。さて、どのような学校になったでしょう。

体験学習が中心

まず「先生が知識や技術や道徳を子どもに伝える」という学び方をうんと少なくしました。教科書にたよらないで、私たちが生きる上で不可欠の営み、つまり衣食住などの活動に子どもたちが挑戦して、そこから興味や関心を広げ、より客観的な情報につなげていきます。

最も大事なのは、子ども自身が考える態度と能力です。おぼえる授業から頭をつかう学習への転換といっていいでしょう。子どもたちが、さまざまな問題や課題を解決する方法を考え、「こうすればいいのでは」などと仮説を立て、そのアイデアを実行して確かめる。こういう学習を続けると、教科書の範囲を大きく超えてしまうことが少なくないのです。こういう学び方を私たちは「プロジェクト」と呼ぶことにしました。

ビー玉をころがして
九九の表をつくる１年生

基礎学習は「かず」と「ことば」

　このプロジェクトに実際に挑戦すると、どうしても「読み書き算」その他の基礎的な力も必要になります。そのための学習は「基礎学習」と呼ばれています。その中心は「ことば（literacy）」と「かず（numeracy）」です。これは、国語や算数の範囲をかなり超えています。

　例えば「ことば」の学習で欠かせない漢字の学習です。私は毎年、「大きな太った犬に吠えられた」というフレーズから始めます。大人でも楽しくなる言い方ではありませんか。しかし、教科書に合わせた普通のプリントでは使えません。「大きな」と「犬」は１年生の国語に出てきますが、「太った」は、２年生以上の教科書にしか使えないからです。そのうえ「吠える」に至っては、学習指導要領では小学校で習うべき漢字のリストに載っていないのです。

　そのほかにもいくつも面白い言い方が工夫されています。例えば「駅の駐車場に馬がいる」というフレーズでは、汽車も電車もない時代から「駅」という所は存在した、という歴史の話題にまで発展させます。

　「かず」のプリントでも「学習指導要領」の範囲を超えて中学校の内容にまで進むことがあります。例えば「ツルカメ算」の面白さにはまった小学生たちは、中学校で習う２元連立方程式にまで進みました。５年生や６年生の子でも「"x"と"y"の問題をもっとしたい」と言い出します。長い滑り台を作っている時には、大人（きのくにでは教師のことを大人と呼んでいます）は抜け目なく「すべり台の角度と高さの関係」、つまり中学校の三角関数の初歩にまで子どもたちの目を向けさせました。

「たてわり」のクラス編成

　教師が知識を子どもたちに伝える学習から、子どもたちが頭をつかう学習へと転換するためには、その好奇心や興味を大切にしなければなりません。だから学年が違っても、プロジェクトでどんな活動がしたいかをもとにクラスがつくられるので、どのクラスも縦割りになります。クラスの名前は「〇年〇組」ではなくて、「工務店」「ファーム」「げきだん」などになるわけです。１年から６年までの子が

同じクラスなので、どこも複数の担任が配置されます。こういう学習内容とクラス編成のもとでは、どこでも話し合いがとても大事です。子どもの村はミーティングの多い学校といってよいでしょう。

学力は大丈夫か

　学園のこの方式は開校以来ずっと続いています。「学力は大丈夫？」とか「高校に入って困らないか」などと心配する人もないとはいえません。しかし私たちの４年連続の調査では、卒業生たちは高校で驚くほどの好成績を上げています。開校25周年にあたって、あの「学校でいちばん楽しいのは何か」という調査をしました。結果は、プロジェクト（47％）と基礎学習（11％）が最も楽しみという回答が合わせて58パーセントになりました。学校での学習の質を革新するという目標は、かなり達成されたといえるでしょう。

この「おもしろ学習プリント」の魅力

　このプリント集は、子どもの村学園の小学生が、普段の「基礎学習」で実際に使っているものでできています。この子たちは、このプリントが大好きです。休み時間になっても続けたいという子も何人もいます。なぜでしょうか。

プリントに挑戦している１年生たち

　まず第１に、このプリントはカラーで印刷されています。モノクロとカラーでは、子どもたちの反応が格段に違います。しかし市販のものは、ほとんどがモノクロ

です。

　第2の理由は、中身の多くが日頃の学校生活と結びついています。自分たちのプロジェクトの様子だけではありません。自分たちの写真まで登場します。

　第3の理由は競争がないことです。開校間もない頃に転入してきた子の中には仕上げの順序や仕上がり具合を競う子がありました。今はそんな競争はありません。むしろ骨の折れる問題に出くわすと、隣の子と、あるいは何人かで「ああでもない、こうでもない」といって考え合う光景も珍しくありません。

　第4の理由は、教科書の中身より難しいことに挑戦できることです。例えば「工務店クラス」で、斜面に5メートル四方のテラスを作り、その上に3メートル四方の家を建てました。それがプリントで取り上げられ（『〈かず〉低学年』34ページ参照）、（5×5）＝（3×3）＋（4×4）ということを発見しました。中学校で習う「三平方の定理」の始まりです。何人かが「すごーい！」といって手をたたきました。

　多くの学校では、先生が「公式」つまり問題の解き方を教え、子どもはそれを覚えて数字の操作をすれば、先生が〇×をつけます。この学校へ転入してくる子の中に「やり方を忘れた」とか「やり方だけ教えて」とかいう子がいます。「やり方」を考えることこそ、子どもの村の基礎学習なのです。

　このプリント集を使う子らに、自分で考える楽しみをたっぷり味わってもらいたいと思います。

　2024年5月

きのくに子どもの村学園長

堀 真 一 郎

もくじ

きのくに子どもの村のおもしろ学習プリントの考え方・・1

いろいろなかず　1

なまえ：＿＿＿＿＿＿＿＿＿＿＿＿＿＿＿

まず、かずで あそぼう。

　えをみて □ のなかに 0〜9 の すうじを入れてください。

みっつ あっても ① □ ご　　これは りん ② □

1ぽんでも ③ □ んじん　　4ひきでも ④ □ マ

1とうでも ⑤ □ マウマ　　2とうでも ⑥ □ りら

たくさんいても ⑦ □ ボット　　1ぽんでも ⑧ □ まき

1わでも ⑨ □ めんちょう　　3びきでも ⑩ □

11ぽんもあるのに ⑪ □ り　　1とうでも ⑫ □ じら

ひとりでも ⑬ □ タクロース　　1ぱいでも ⑭ □ ス

いろいろなかず　2

なまえ：＿＿＿＿＿＿＿＿＿＿＿＿＿＿＿＿

1．いろいろなネコがいます。ぜんぶで　なんびきでしょう。

ひき

2．きんぎょが たくさんいます。10 ぴきずつ 水(すい)そうに 入(い)れます。
　水(すい)そうは いくつ ひつようですか。

つ

あわせていくつ　1

なまえ：＿＿＿＿＿＿＿＿＿＿＿＿＿＿＿

1 2 3 4 5 6 7 8 9 10 11 12 13 14 15 16 17 18 19 20

を 2つ ぬると……いくつになる？　① ☐

1 2 3 4 5 6 7 8 9 10 11 12 13 14 15 16 17 18 19 20

を 3つ ぬると……いくつになる？　② ☐

1 2 3 4 5 6 7 8 9 10 11 12 13 14 15 16 17 18 19 20

を 4つ ぬると……いくつになる？　③ ☐

1 2 3 4 5 6 7 8 9 10 11 12 13 14 15 16 17 18 19 20

を 5つ ぬると……いくつになる？　④ ☐

けいさん
計算をしよう。

$$\begin{array}{r} 3 \\ +\ 2 \\ \hline \end{array}$$

$$\begin{array}{r} 4 \\ +\ 3 \\ \hline \end{array}$$

$$\begin{array}{r} 5 \\ +\ 4 \\ \hline \end{array}$$

$$\begin{array}{r} 5 \\ +\ 5 \\ \hline \end{array}$$

⑤ ☐　⑥ ☐　⑦ ☐　⑧ ☐

あわせていくつ　2

なまえ：＿＿＿＿＿＿＿＿＿＿＿＿＿

足し算の第一歩のつづき。今度は 10 をこえるよ。

| 1 | 2 | 3 | 4 | 5 | 6 | 7 | 8 | 9 | 10 | 11 | 12 | 13 | 14 | 15 | 16 | 17 | 18 | 19 | 20 | 21 |

◯ を 4 つ ぬると……いくつになる？　① ☐

| 1 | 2 | 3 | 4 | 5 | 6 | 7 | 8 | 9 | 10 | 11 | 12 | 13 | 14 | 15 | 16 | 17 | 18 | 19 | 20 | 21 |

◯ を 3 つ ぬると……いくつになる？　② ☐

| 1 | 2 | 3 | 4 | 5 | 6 | 7 | 8 | 9 | 10 | 11 | 12 | 13 | 14 | 15 | 16 | 17 | 18 | 19 | 20 | 21 |

◯ を 5 つ ぬると……いくつになる？　③ ☐

| 1 | 2 | 3 | 4 | 5 | 6 | 7 | 8 | 9 | 10 | 11 | 12 | 13 | 14 | 15 | 16 | 17 | 18 | 19 | 20 | 21 |

◯ を 1 0 ぬると……いくつになる？　④ ☐

| 1 | 2 | 3 | 4 | 5 | 6 | 7 | 8 | 9 | 10 | 11 | 12 | 13 | 14 | 15 | 16 | 17 | 18 | 19 | 20 | 21 |

◯ を 7 つ ぬると……いくつになる？　⑤ ☐

あわせていくつ 3

なまえ：＿＿＿＿＿＿＿＿＿＿＿＿＿＿

足し算の第一歩のつづき。今度も 10 をこえるかも。

1 2 3 4 5 6 7 8 9 10 11 12 13 14 15 16 17 18 19 20 21

◯ を 7つ ぬると……いくつになる？　① ☐

1 2 3 4 5 6 7 8 9 10 11 12 13 14 15 16 17 18 19 20 21

◯ を 8つ ぬると……いくつになる？　② ☐

1 2 3 4 5 6 7 8 9 10 11 12 13 14 15 16 17 18 19 20 21

◯ を 4つ ぬると……いくつになる？　③ ☐

1 2 3 4 5 6 7 8 9 10 11 12 13 14 15 16 17 18 19 20 21

◯ を 4つ ぬると……いくつになる？　④ ☐

計算をしよう。

⑤	⑥	⑦	⑧	⑨
7	4	7	17	27
+ 7	+ 8	+ 4	+ 4	+ 4

あわせていくつ 4

なまえ：＿＿＿＿＿＿＿＿＿＿＿＿＿

例にならって、2とおりのやりかたで計算をしてみよう。

＜例＞

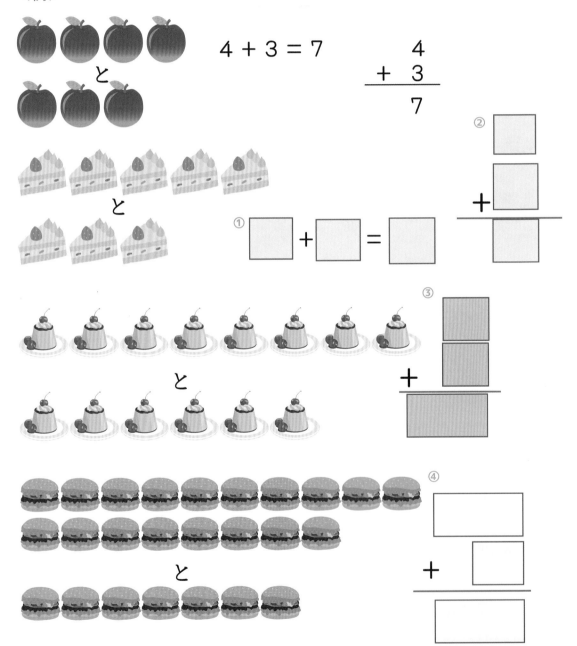

$$4 + 3 = 7$$

$$\begin{array}{r} 4 \\ + \ 3 \\ \hline 7 \end{array}$$

あわせていくつ　5

なまえ：＿＿＿＿＿＿＿＿＿＿＿＿

計算をしてみよう。

① □ ＋ □ ＝ □ 円

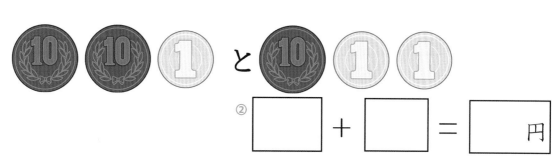

② □ ＋ □ ＝ □ 円

③ □ ＋ □ ＝ □ 円

④ □ ＋ □ ＝ □ 円

おおいすくない　ひきざん1

なまえ：＿＿＿＿＿＿＿＿＿＿＿＿

どうぶつがいます。どっちが なんとう（なんひき）おおい？

① ［　　　　　　］が ［　　　］ とう おおい。

② ［　　　　　　］が ［　　　］ ひき おおい。

③ ［　　　　　　］が ［　　　］ とう おおい。

④ ［　　　　　　］が ［　　　］ ぴき おおい。

おおいすくない　ひきざん２

なまえ：＿＿＿＿＿＿＿＿＿＿＿＿＿

１．昔の子どもの村小学校の男の大人は５人です。
　　　女の大人は８人です。

（１）あわせてなん人ですか。

　　しき　　　　　　　　　　　　　　　　　こたえ

（２）どちらがなん人おおいですか。
　　しき　　　　　　　　　　　　　　　　　こたえ

２．２０年前の子どもの村小学校の女の子は３５人で、
　　　男の子は４７人でした。

（１）あわせて何人でしたか。
　　しき　　　　　　　　　　　　　　　　　こたえ

（２）どちらが何人おおかったですか。
　　しき　　　　　　　　　　　　　　　　　こたえ

３．今の子どもの村小学校の子どもは、全部で１１７人です。
　　　大人は、１４人です。
　　　子どもは大人より何人おおいですか。
　　しき

　　　　　　　　　　　　　　　　　こたえ

15

おおいすくない　ひきざん３

なまえ：＿＿＿＿＿＿＿＿＿＿＿＿

さくくん

が、🍎を６こもっています。しゅうやくん　は、３こもっています。

どちらが、なんこおおいですか。

① ☐

が、🍈を９こもっています。　に３こあげました。

なんこのこっていますか。

② ☐

が、🐞を８ひきかっています。そこへ　が、７ひきくれ

ました。あわせてなんびきになったでしょう。

③ ☐

が、🦀を１７ひきかっていました。９ひきにげてしまいました。

なんびきのこっていますか。

④ ☐

おおいすくない　ひきざん４

なまえ：＿＿＿＿＿＿＿＿＿＿＿＿

１人 1000 円ずつもって 買いものにいきました。
お金は いくらのこりましたか。

① ⚽ と 🍦 と 🍎
700 円　　100 円　　100 円　　　　　　□ 円

② 🎁 と 🍫 と 🧶
300 円　　200 円　　200 円　　　　　　□ 円

③ 🎴 と 👝 と 🍫
500 円　　200 円　　50 円　　　　　　□ 円

④ 🧸 と 🍔 と 🌷
750 円　　150 円　　100 円　　　　　　□ 円

⑤ 🍌 と 🍩 と 🍰
250 円　　150 円　　200 円　　　　　　□ 円

⑥ 🪴 と 🥓 と ✂️
280 円　　320 円　　200 円　　　　　　□ 円

九九はべんりだ　かけざん1

なまえ：_____

九九の表です。なぜか ところどころ抜けています。
正しい数字を入れてください。

×	1	2	3	4	5	6	7	8	9
1	1	2	3	4	5	6	7	8	9
2	2	4	①	8	10	12	②	16	18
3	3	6	9	③	15	18	21	24	④
4	4	8	⑤	16	20	24	28	⑥	36
5	5	10	15	20	⑦	30	35	40	⑧
6	6	12	18	⑨	30	36	⑩	48	54
7	7	14	⑪	28	35	42	⑫	56	63
8	8	16	24	32	40	⑬	56	64	72
9	9	18	⑭	36	45	54	63	72	⑮

九九はべんりだ　かけざん２

なまえ：＿＿＿＿＿＿＿＿＿＿＿＿＿＿

答<small>こた</small>えが同<small>おな</small>じになる九九をさがしてください。

12	① ＿＿ × ＿＿ ＝ ＿＿ ② ＿＿ × ＿＿ ＝ ＿＿ ③ ＿＿ × ＿＿ ＝ ＿＿ ④ ＿＿ × ＿＿ ＝ ＿＿
18	⑤ ＿＿ × ＿＿ ＝ ＿＿ ⑥ ＿＿ × ＿＿ ＝ ＿＿ ⑦ ＿＿ × ＿＿ ＝ ＿＿ ⑧ ＿＿ × ＿＿ ＝ ＿＿
24	⑨ ＿＿ × ＿＿ ＝ ＿＿ ⑩ ＿＿ × ＿＿ ＝ ＿＿ ⑪ ＿＿ × ＿＿ ＝ ＿＿ ⑫ ＿＿ × ＿＿ ＝ ＿＿
36	⑬ ＿＿ × ＿＿ ＝ ＿＿ ⑭ ＿＿ × ＿＿ ＝ ＿＿ ⑮ ＿＿ × ＿＿ ＝ ＿＿

九九はべんりだ　かけざん３

なまえ：_____

お金は全部でいくらになりますか。

たし算ですると

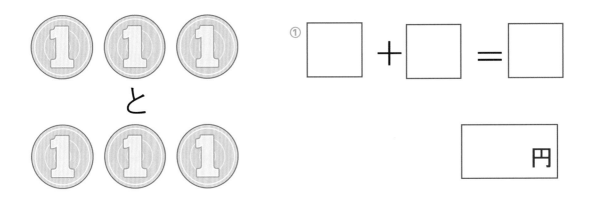

① □ ＋ □ ＝ □

□ 円

かけ算ですると

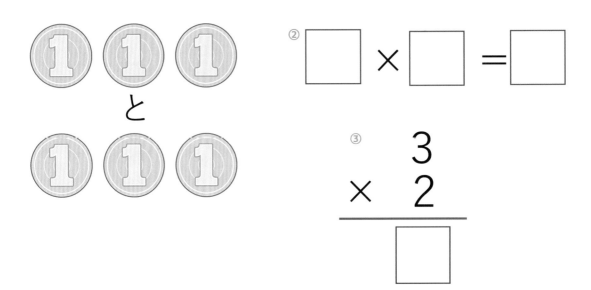

② □ × □ ＝ □

③
$$\begin{array}{r} 3 \\ \times\ 2 \\ \hline \end{array}$$

九九はべんりだ　かけざん４

なまえ：＿＿＿＿＿＿＿＿＿＿＿＿

お金は全部でいくらになりますか。

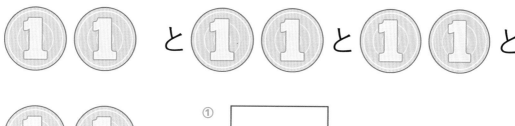

では　① ☐　円

たし算ですると

② ☐ ＋ ☐ ＋ ☐ ＋ ☐ ＝ ☐

かけ算ですると

③ ☐ × ☐ ＝ ☐

④
```
    2
×   4
─────
  ☐
```

⑤
```
    2
    2
    2
+   2
─────
  ☐
```

九九はべんりだ　かけざん５

なまえ：＿＿＿＿＿＿＿＿＿＿＿＿＿＿＿

お金は全部でいくらになりますか。

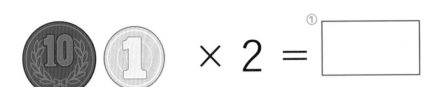

①

②

③

④

⑤

⑥

九九はべんりだ　かけざん６

なまえ：＿＿＿＿＿＿＿＿＿＿＿＿

いろいろな計算をしてみよう

① $\begin{array}{r} 2 \\ \times 3 \\ \hline \end{array}$　② $\begin{array}{r} 4 \\ \times 3 \\ \hline \end{array}$　③ $\begin{array}{r} 1 \\ \times 8 \\ \hline \end{array}$　④ $\begin{array}{r} 4 \\ \times 5 \\ \hline \end{array}$

⑤ $\begin{array}{r} 3 \\ \times 2 \\ \hline \end{array}$　⑥ $\begin{array}{r} 4 \\ \times 2 \\ \hline \end{array}$　⑦ $\begin{array}{r} 5 \\ \times 3 \\ \hline \end{array}$　⑧ $\begin{array}{r} 5 \\ \times 4 \\ \hline \end{array}$

⑨ $\begin{array}{r} 6 \\ \times 2 \\ \hline \end{array}$　⑩ $\begin{array}{r} 3 \\ \times 4 \\ \hline \end{array}$　⑪ $\begin{array}{r} 5 \\ \times 5 \\ \hline \end{array}$　⑫ $\begin{array}{r} 6 \\ \times 3 \\ \hline \end{array}$

⑬ $\begin{array}{r} 10 \\ \times 3 \\ \hline \end{array}$　⑭ $\begin{array}{r} 10 \\ \times 9 \\ \hline \end{array}$　⑮ $\begin{array}{r} 20 \\ \times 4 \\ \hline \end{array}$　⑯ $\begin{array}{r} 10 \\ \times 10 \\ \hline \end{array}$

九九はべんりだ　かけざん７

なまえ：

ミニカーがたくさんあります。

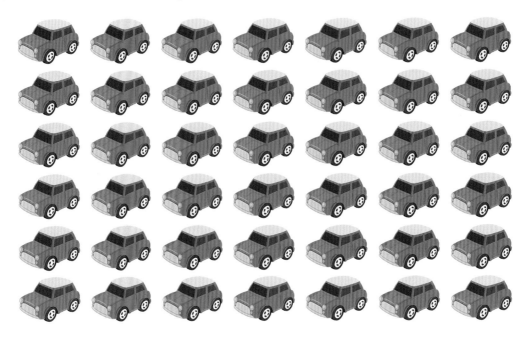

1．ミニカーは、ぜんぶでいくつありますか。

こ

2．8人の子に　5こずつあげます。なんこひつようですか。

こ　ひつよう

3．なんこあまりますか。

こ　あまる

4．8人に　6こずつあげます。なんこひつようですか。

こ　ひつよう

5．なんこたりませんか。

こ　たりない

九九はべんりだ　かけざん8

なまえ：＿＿＿＿＿＿＿＿＿＿＿＿＿＿

どっちがおおい？

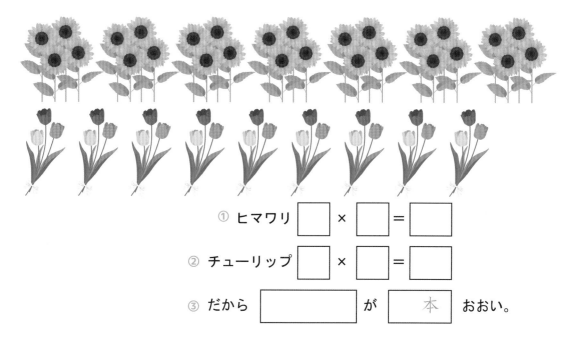

① ヒマワリ　□ × □ = □

② チューリップ　□ × □ = □

③ だから　＿＿＿＿＿　が　本　おおい。

キツネがばけるときは、
あたまに　はっぱをのせて
じゅもんを　となえます。

キツネはなんびきですか。

④ ＿＿＿＿＿　ひき

九 九 は べ ん り だ　かけざん９

なまえ：＿＿＿＿＿＿＿＿＿＿＿＿＿＿＿＿

1. ![face] は、もっと美人になりたいので、「美人になるくすり」をのんでいます。あさとよるに１つぶずつのみます。１しゅうかんでは、なんつぶのみますか。

□ つぶ

2. ![face] は、もっと金持ちになりたいので、「金持ちになるくすり」をのんでいます。朝、ひる、ばんに、１つぶずつのみます。１しゅうかんではなんつぶのみますか。

□ つぶ

3. ![face] は、もっとあたまがよくなりたいので、「あたまのよくなるくすり」をのんでいます。朝、昼、夜に２つぶずつのみます。

（1）1日になんつぶのみますか。

□ つぶ

（2）1しゅうかんではなんつぶのみますか。

□ つぶ

（3）1か月（30日）では、なんつぶのみますか。

□ つぶ

（4）1つぶ10円とすると、1か月のくすり代はいくらになりますか。

□ 円

 は、あたまがよくなりましたか。○をつけてください。

　1. すごくよくなった　2. すこしよくなった　3. かわらない
　4. ちょっとわるくなった　5. すごくわるくなった

九九はべんりだ　かけざん10

なまえ：＿＿＿＿＿＿＿＿＿＿＿＿＿＿＿＿

計算をしよう。

① 　2 0
　× 　2

② 　　3
　× 　2

③ 　2 0
　× 2 0

④ 　　3
　× 2 0

⑤ 　2 3
　× 2 2

⑥ 　2 0
　× 　1

⑦ 　　1
　× 　1

⑧ 　2 0
　× 3 0

⑨ 　　1
　× 3 0

⑩ 　2 1
　× 3 1

⑪ 　3 0
　× 　2

⑫ 　　2
　× 　2

⑬ 　3 0
　× 2 0

⑭ 　　2
　× 2 0

⑮ 　3 2
　× 2 2

九九はべんりだ　かけざん11

なまえ：＿＿＿＿＿＿＿＿＿＿＿＿＿＿＿

ある小学校の畑でたくさんのジャガイモがとれました。1ふくろに12個ずつ入れたら、35ふくろできました。ジャガイモは、全部で何個とれたのでしょう。

① ☐

1ふくろ100円で売ったら。すべて売れてしまいました。売り上げはいくらになったでしょう。

② ☐

べつの小学校の畑では、ミニトマトがどっさりとれました。1ふくろに22個ずつ入れたら、25ふくろできました。ミニトマトは、何個できたのでしょう。

③ ☐

1ふくろ150円で売ったら、すべて売り切れました。売り上げはいくらになったでしょう。

④ ☐

おもしろい数の話　1

なまえ：＿＿＿＿＿＿＿＿＿＿＿＿＿＿＿

このような箱を何段にもたてに重ねます。
は全部で何個必要ですか。

1段の場合

① □ = □ × □

2段の場合

② □ = □ × □

3段の場合

4段の場合

③ □ = □ × □

④ □ = □ × □

5段の場合

⑤ □ = □ × □

では、10段の場合は何個必要ですか。
⑥ □ × □ = □　　　　　□

では、では50段つんだら何個必要でしょう。
⑦ □ × □ = □　　　　　□

29

おもしろい数の話 2

なまえ：＿＿＿＿＿＿＿＿＿＿＿＿＿

□ の中に正しい数字を書き入れてみよう。

① $1 + 3 = \boxed{} = \boxed{} \times \boxed{}$

② $1 + 3 + 5 = \boxed{} = \boxed{} \times \boxed{}$

③ $1 + 3 + 5 + 7 = \boxed{} = \boxed{} \times \boxed{}$

④ $1 + 3 + 5 + 7 + 9 = \boxed{} = \boxed{} \times \boxed{}$

⑤ $1 + 3 + 5 + 7 + 9 + 11 = \boxed{} = \boxed{} \times \boxed{}$

⑥ $1 + 3 + 5 + 7 + 9 + 11 + 13 = \boxed{} = \boxed{} \times \boxed{}$

⑦ $1 + 3 + 5 + 7 + 9 + 11 + 13 + 15 = \boxed{} = \boxed{} \times \boxed{}$

⑧ $1 + 3 + 5 + \cdots \cdot 21 + 23 + 25 = \boxed{} = \boxed{} \times \boxed{}$

⑨ $1 + 3 + 5 + \cdots 97 + 99 = \boxed{} \times \boxed{} = \boxed{}$

おもしろい数の話 3

なまえ：＿＿＿＿＿＿＿＿＿＿＿

子どもの村学園全体で大バスケットボール大会をします。
出場（しゅつじょう）するチームとトーナメント方式（ほうしき）の試合数（しあいすう）の関係（かんけい）について考（かんが）えてみよう。

1チームの場合 ⇨ ① ☐ 試合

5チームの場合　　　6チームの場合　　　7チームの場合

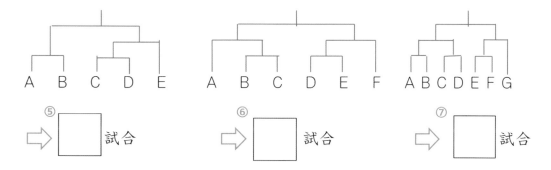

では、8チームでは何試合？

⑧ ☐ 試合

100チームだったら何試合？

⑨ ☐ 試合

おもしろい数の話　4

なまえ： _____

おもしろいけれど。ちょっと難しい問題

1辺が1cmの正三角形を、図のように
ぴったり並(なら)べます。

積(つ)んである段(だん)の数と正三角形の数の
関係(かんけい)を表にまとめてみよう。

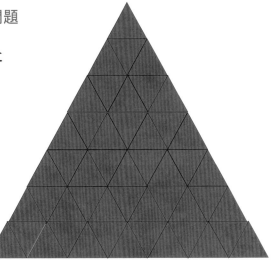

段数(上から)	1	2	3	4	5	6	7	8
① 横1列の三角形の数								
② その段までの三角形の総数								

横1列の正三角形の数は、どれも次の式にあてはまります。

段数 × ③ [　　] － [　　] ＝ 横一列の数

段数と正三角形の総数(そうすう)の関係は、どれも次の式にあてはまります。

段数 × ④ [　　] ＝ 正三角形の総数

横1列の数が13になるのは、何段目ですか。　⑤ [　　]

その時、正三角形のかずはいくつになるでしょう。　⑥ [　　]

おもしろい数の話　5

りえたくん　たか子さん　じゅんたくん

 と が の家へ遊びに行きます。途中に川が流れています。川は直角にわたらなくてはなりません。

さて、どちらが短い距離で行けたでしょう。

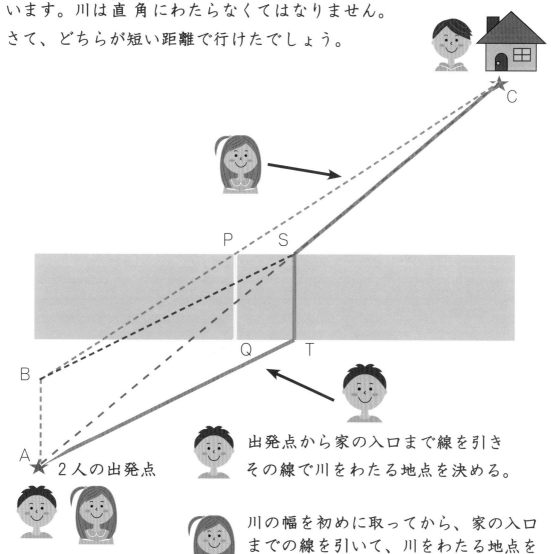

出発点から家の入口まで線を引きその線で川をわたる地点を決める。

川の幅を初めに取ってから、家の入口までの線を引いて、川をわたる地点を決める。

２人の出発点

ヒント　A-T と B-S は 同じ長さ。A-Q と B-P は 同じ長さ

おもしろい数の話 6

なまえ：＿＿＿＿＿＿＿＿＿＿＿

　きのくに子どもの村の工務店（こうむてん）というクラスで、斜面（しゃめん）にテラスを作り、その上に家を建（た）てました。

　小学生の仕事とは思えないくらいりっぱに完成しました。

　そして、そのあとの基礎学習の時間に、すごーい大発見があったのです。

テラスの広さは

$5 \times 5 =$ ① ◻ m²

家の広さは ②

$3 \times 3 =$ ◻ m²

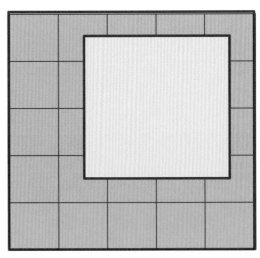

では、のこりの広さは

③ ◻ − ◻ = ◻ m²

ということは……

④ (◻ × ◻) + (◻ × ◻) = ◻ × ◻

次の式でも同じことがおきるかたしかめてみよう！

$(30 \times 30) + (40 \times 40) = 50 \times 50$

$(5 \times 5) + (12 \times 12) = 13 \times 13$

おもしろい数の話　7

なまえ：＿＿＿＿＿＿＿＿＿＿＿

この図形の中には
三角形はいくつあるでしょう。

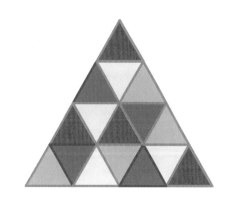

① ［＿＿＿＿＿＿＿］

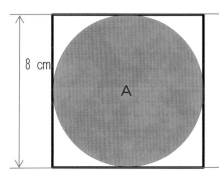

② 正方形の土地があります。

これを花壇にします。

■ のところは池です。

この土地を5クラスで分けます。

池はふくめずに、どのクラスの花壇も
同じ広さで同じ形になるように
分けてください。

8 cm

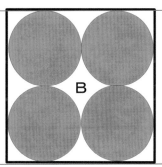

A

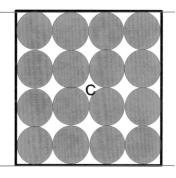

B

C

③ 箱の中に大きさの違うケーキが入っています(分厚さは同じです)。

どの箱をもらうのが一番お得でしょうか。

(円の面積＝半径×半径×3.14)

おもしろい数の話 8

なまえ：＿＿＿＿＿＿＿＿＿＿＿＿＿

私たちが普通に使っている「かず」は、次のように進んでいきます。

1×10＝10、　　10×10＝100、　　100×10＝1000

1000×10＝10000、　　10000×10＝100000

これを「10進法」といいます。

ところが、世の中にはこの「10進法」に合わない数え方があります。

たとえば、

1年は ① ☐ か月、　　　　1日は ② ☐ 時間

1時間は ③ ☐ 分　　　　　　1分は ④ ☐ 秒

鉛筆1ダースは ⑤ ☐ 本、　　　　円全体の角度は ⑥ ☐ °

1週間は ⑦ ☐ 日、

いろいろな計算をしてみよう。

10÷2＝ ⑧ ☐ 　　　　10÷3＝ ⑨ ☐ ・・・ ☐

10÷4＝ ⑩ ☐ ・・・ ☐ 　　　　10÷5＝ ⑪ ☐

12÷2＝ ⑫ ☐ 　　　　12÷3＝ ⑬ ☐ 　　　　12÷4＝ ⑭ ☐

ビール1ダースをケースに
入れるには、どの入れ方が、
運ぶのに都合がいいだろう。

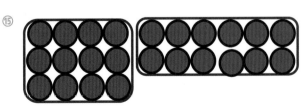

わりざん　1

なまえ：_____

まずは、九九を使って かんたんなわりざんから始めましょう。

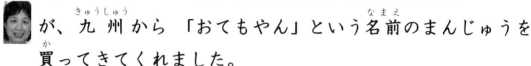が、九州から 「おてもやん」という名前のまんじゅうを買ってきてくれました。

(1)　1はこに9個入っています。全部で6はこあります。

　　まんじゅうは 全部でいくつありますか。

　　　　☐ × ☐ = ☐

　　　　　　　　　　　　　　　　☐

(2)　23人の子に2個ずつくばると、全部でいくつ必要？

　　　☐ × ☐ = ☐

　　　　　　　　　　　　　　　　☐

(3)　23人の子に2個ずつくばると、いくつあまりますか。

　　　☐ － ☐ = ☐

　　　　　　　　　　　　　　　　☐

(4)　9個入りのはこが8はこあったら、1人にいくつずつくばれますか。

わりざん 2

わりざんの書き方

なまえ：＿＿＿＿＿＿＿＿＿＿＿＿

わりざんは $\boxed{A} \div \boxed{B} = \boxed{}$ というように書きます。
Aの中にBがいくつあるか、という意味です。
すこし練習をしてみよう。

① $10 \div 2 =$

② $10 \div 5 =$

③ $15 \div 5 =$

④ $15 \div 3 =$

⑤ $12 \div 3 =$

⑥ $12 \div 4 =$

⑦ $18 \div 2 =$

⑧ $18 \div 3 =$

⑨ $20 \div 5 =$

⑩ $25 \div 5 =$

⑪ $32 \div 4 =$

⑫ $35 \div 7 =$

⑬ $40 \div 5 =$

⑭ $36 \div 6 =$

⑮ $36 \div 9 =$

⑯ $48 \div 8 =$

⑰ $56 \div 7 =$

⑱ $63 \div 7 =$

⑲ $64 \div 8 =$

⑳ $72 \div 8 =$

㉑ $81 \div 9 =$

㉒ $100 \div 10 =$

㉓ $100 \div 50 =$

わりざん 3

運動会で二人三脚をします。2人で1組です。

（1）　1年～3年の子が12人の時、何組できますか。

$$\boxed{} \div \boxed{} = \boxed{}$$

こたえ $\boxed{}$

（2）次に、子ども23人全員と、大人3人がいっしょに二人三
　　　脚に挑戦です。

①　人数は全部で何人になりましたか。

$$\boxed{} + \boxed{} = \boxed{}$$

こたえ $\boxed{}$

②　これでは 多すぎて　ふつうの九九ではできません。

　　そこで、もし20人だったら何組できますか。

こたえ $\boxed{}$

③　残りの6人で何組できますか。

こたえ $\boxed{}$

④　合わせて何組できるでしょう。

こたえ $\boxed{}$

わりざん 4

なまえ：＿＿＿＿＿＿＿＿＿＿＿＿＿＿＿＿＿

みかんが ２４個あります。
これを６人で分けると、1人何個もらえますか。

これは、九九を知っていればかんたん。

２４÷６＝４

答え　①□ 個

では、 ８人で分けると、1人何個もらえますか
これもかんたん。

２４÷８＝３

答え　②□ 個

では、 ２人で分けると1人何個？
これは、かんたんな九九だけではちょっと無理。そこで、

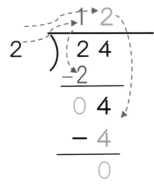

まず２４の２の中に２は何回あるかな。
1回だけなので、 ２×１＝２
その２を上の２から引くと０

つぎの４の中には２はいくつある？

４の中には２は２回あるので　２×２＝４

その４を上の４から引くと０

12 という答えができました。めでたし めでたし！
ほんとにこれで正しいかどうか、たしかめてみよう。

わりざん 5

なまえ：＿＿＿＿＿＿＿＿＿＿＿

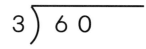

3) 6 0

イチゴがたくさんとれました。

全部で６０個あります。

これを３人で分けると、

１．１人何個もらえますか。

答え ▢

２．これを４人で分けると、　１人何個もらえますか。

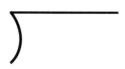

答え ▢

３．これを５人で分けると、一人何個もらえますか。

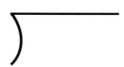

答え ▢

わりざん　6

なまえ：＿＿＿＿＿＿＿＿＿＿＿＿＿

おたまじゃくしを　たくさんつかまえました。
全部で４２ひきです。３びきずつ入れようと思います。
入れ物は何個必要ですか。

① 　　　　　　　　

金魚屋さんが、金魚を売ろうとしています。
　全部で８４ひきです。
４ひきずつ入れ物に入れます。入れ物はいくつ必要ですか。

② 　　　　　　　　

バスケットボール大会をします。選手が９５人も集まりました。１チーム５人です。何チームできるでしょう。

③

わりざん 7

なまえ：_____

計算をしよう

① 3) 3 6

② 4) 7 2

③ 5) 6 5

④ 6) 7 8

⑤ 7) 8 4

⑥ 8) 9 6

⑦ 9) 9 9

⑧ 2) 6 8

⑨ 2) 2 2 2

⑩ 3) 3 0 6

⑪ 4) 4 8 8

⑫ 5) 7 0 0

わりざん 8

なまえ：＿＿＿＿＿＿＿＿＿＿＿＿＿

　　　が、いえで　　　　をかっています。水そうに６匹ずつ入れて、全部で６はちあります。大きくなったので、１鉢に４匹ずつ入れることにしました。水そうはいくつ必要ですか。

①

□ × □ ＝ □

□ ÷ □ ＝ □　　　　　　　　答え □

　　　は、　　　をそだてる名人です。プランターに１５本ずつの苗をうえてあります。プランターは８つあります。大きくなったので、大きな植木鉢に植えかえます。１はちに５本ずつうえます。
はちは、いくつ必要ですか。

②

□ × □ ＝ □

□ ÷ □ ＝ □　　　　　　　　答え □

③ 　　　は、スイスから、おみやげにチョコレートをかって来ました。
ぜんぶで５６０個あります。小学校の子（４９人）に８個ずつくばりました。

（１）あと何個のこっていますか。

□

（２）のこりを３個ずつくばると何人にくばれますか。

□

44

わりざん　9

なまえ：＿＿＿＿＿＿＿＿＿＿＿＿＿＿＿

計算をしよう。

① 　　7
　 ＋　4

② 　70
　 ＋40

③ 　49
　 ＋27

④ 　76
　 ＋25

⑤ 　365
　 ＋135

⑥ 　1234
　 ＋8767

⑦ 　　123456789
　 ＋　876543211

⑧ 　500
　 －135

⑨ 　1000
　 －　99

⑩ 　98765432１
　 －　98765433

⑪ 　　12
　 ×　3

⑫ 　120
　 ×　3

⑬ 　1200
　 ×　　3

⑭ 　1200
　 ×　　30

⑮ 　456
　 ×　78

⑯ 3〉36

⑰ 30〉3630

⑱ 7〉364

図形はゆかいだ　1

なまえ：＿＿＿＿＿＿＿＿＿＿＿＿

① 同じ仲間の四角形をさがして〇をつけよう。

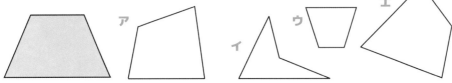

② 同じ仲間の四角形をさがして〇をつけよう。

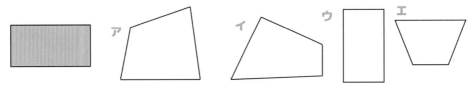

③ 同じ仲間の四角形を見つけて〇をつけよう。

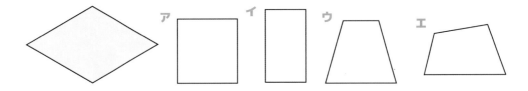

④ まったく同じ仲間の四角形をひとつだけ見つけて〇をつけよう。

それぞれの四角形の名前を書きなさい。

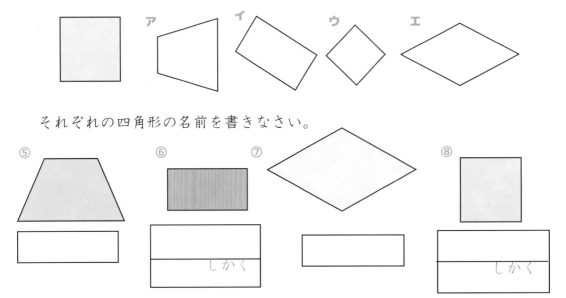

⑤　　　　　　⑥　　　　　　⑦　　　　　　　　　　⑧

しかく　　　　　　　　　　　　　　　　しかく

図形はゆかいだ　2

なまえ：＿＿＿＿＿＿＿＿＿＿＿

① 同じ仲間（なかま）の三角形をさがして、○をつけなさい。

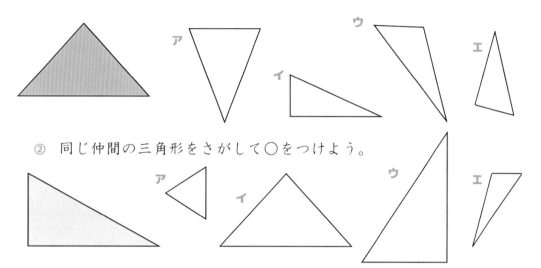

② 同じ仲間の三角形をさがして○をつけよう。

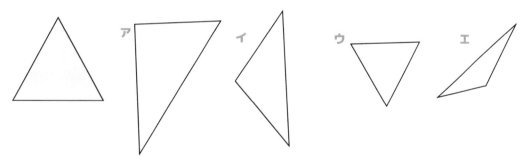

③ 同じ仲間の三角形を見つけて○をつけてください。

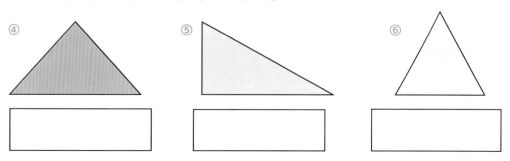

それぞれの三角形の名前を下から選んで書きなさい。

（正三角形、二等辺三角形、直角三角形）

④　　　　　　　　⑤　　　　　　　　⑥

図形はゆかいだ 3

なまえ：

コンパスと定規を使って、見本と同じ図形をかいてみよう。

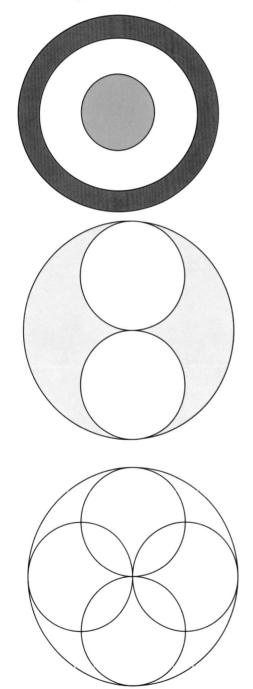

図形はゆかいだ　4

なまえ：＿＿＿＿＿＿＿＿＿＿＿＿＿＿

分度器は角度を測るのに便利な道具です。上手に使ってみよう。

> 分度器は、円の半分の大きさで、180度（°）まで測れます。
> 円全体では、2倍の360度（°）になります。

次の角度は何度でしょうか。

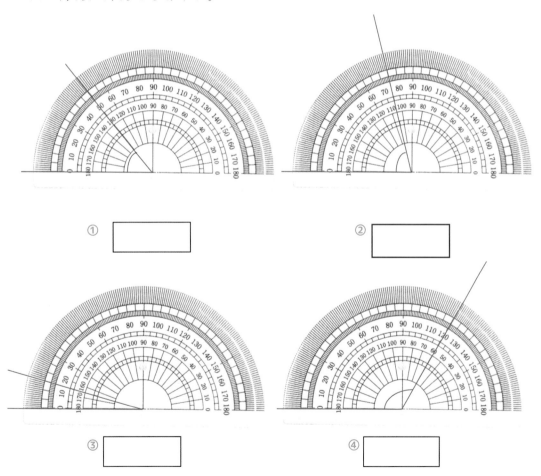

① _____

② _____

③ _____

④ _____

図形はゆかいだ　5

なまえ：＿＿＿＿＿＿＿＿＿＿＿

分度器で角度を測ってみよう。

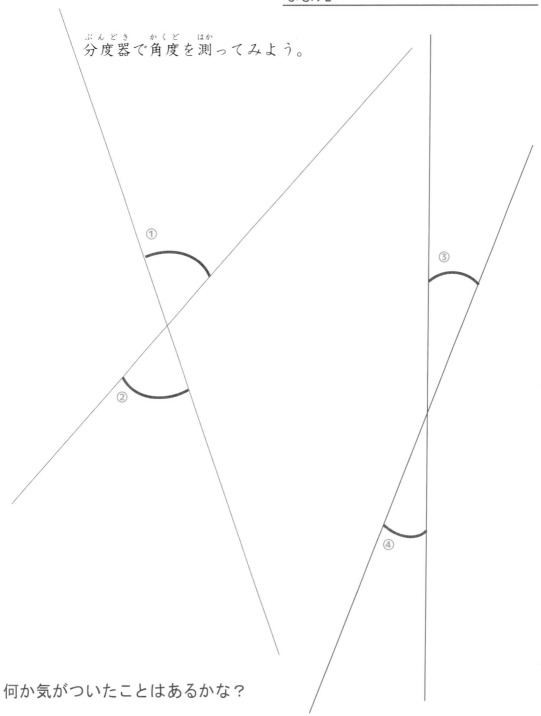

何か気がついたことはあるかな？

図形はゆかいだ 6

なまえ：_____

分度器で角度を測ってみよう。

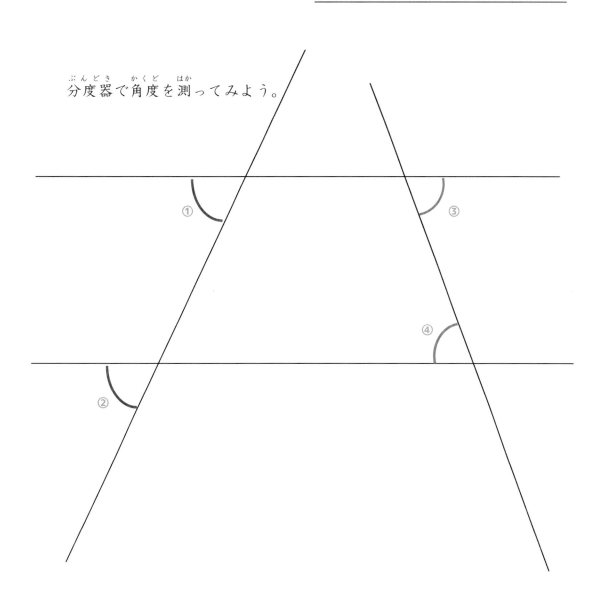

何か気がついたことはあるかな？

図形はゆかいだ　7

なまえ：＿＿＿＿＿＿＿＿＿＿＿＿＿＿＿＿＿

「〇〇度」という言い方をつかったおもしろい表現があるよ。
どっちの意味が正しいかな。

① 考えが１８０度変わる：

　　　　　　１． 今までとはまったく正反対の考えになる。
　　　　　　２． いうことが１８０回もコロコロと変わる。
　　　　　　　　そんな人は信用できない。
　　　　　　３．　急に思い出して、もと来た道を引き返す。

② ３６０度のすばらしいながめ

　　　　　　１．分度器を二つ重ねて円形にするとすてきな形に
　　　　　　　なる。
　　　　　　２．どちらを向いても景色がよい。
　　　　　　３．たとえ３６０回見てもすばらしいと思うような
　　　　　　　すばらしい景色。

③ ３８度線

　　　　　　１．風邪をひいた時は体温計で測って、これより高い
　　　　　　　と気をつけないといけない。
　　　　　　２．韓国と北朝鮮の国境（国と国の境界線）
　　　　　　３．学校の階段は、ちょうど３８度の角度に作るよう
　　　　　　　に法律で決まっている。

あはははは……、どうですか。わかりましたか。

図形はゆかいだ　8

なまえ：_____

三角形があります。それぞれの中がわの角度(内角)を測ってみよう。
3つの角度を合わせると全部で何度になりますか。

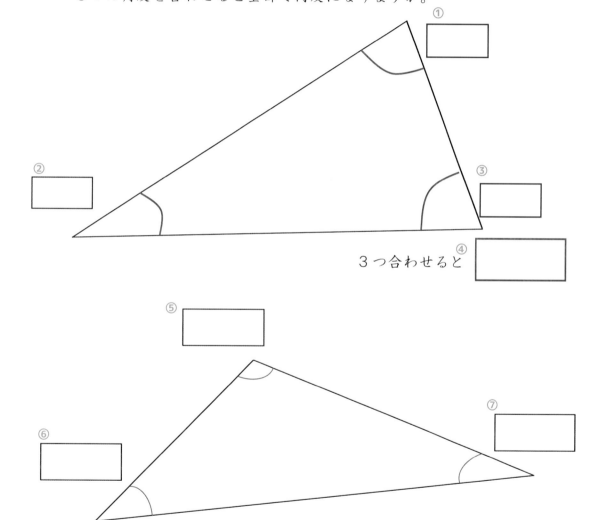

3つ合わせると

3つ合わせると

★自分でいろいろな三角形を書いて、三つの角度を測ってみよう。

図形はゆかいだ　9

なまえ：_____

それぞれの図形の内側の角度の合計はどれだけになりますか。
（点線がヒントだよ）

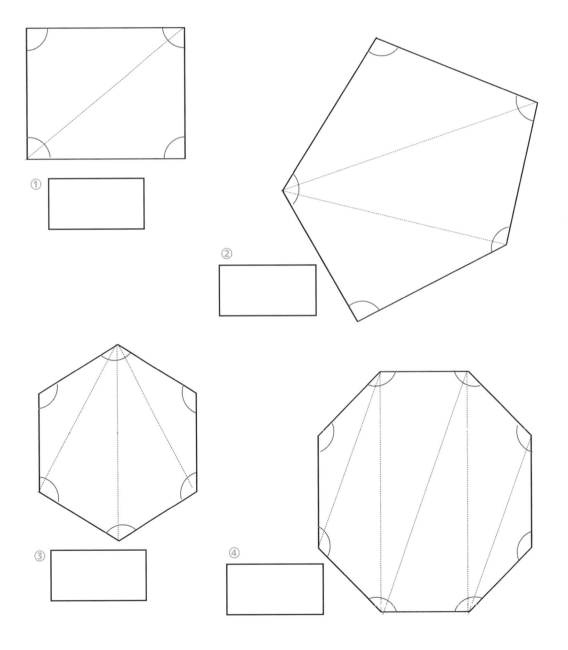

① ☐

② ☐

③ ☐

④ ☐

図形はゆかいだ 10

なまえ：_____

四角形の面積（ひろさ）の計算をしてみよう。
1マスは1平方メートル（㎡）です。

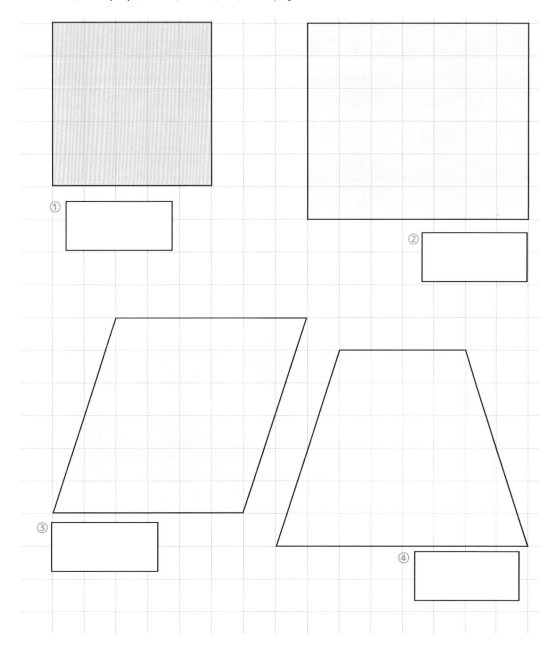

図形はゆかいだ　11

なまえ：_____

三角形の面積（ひろさ）の計算をしてみよう。

1マスは1平方メートル（㎡）です。

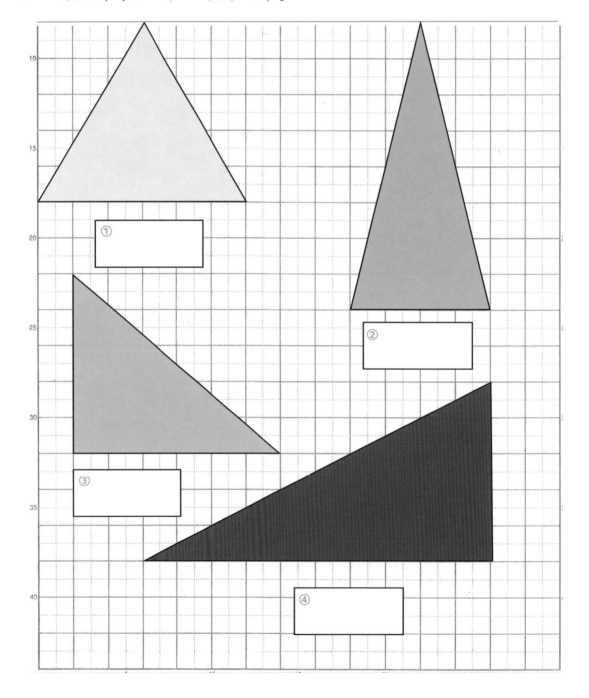

図形はゆかいだ　12

なまえ：_____

たろう と まさお　が、家を建てました。ごうじょう者の2人は、2人とも
「オレの家の方が広い」といいはっています。

どちらの家のほうがどれだけ広いでしょうか。1マスは1㎡。

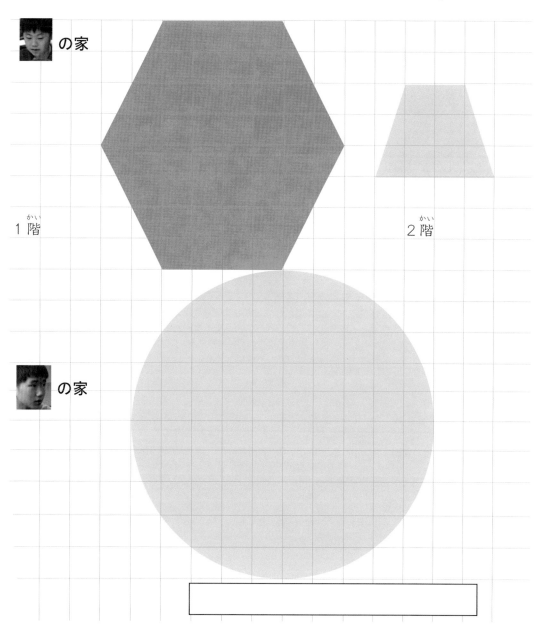

きのくに子どもの村のおもしろ学習プリント　　かず

円もおもしろい　1

なまえ：＿＿＿＿＿＿＿＿＿＿＿＿＿＿

> 円の周囲（まわり）は、直径の3倍とちょっと、正確には
> 3.14倍ということがわかりました。これを円周率といいます。

次の円の周囲はどれくらいでしょう。

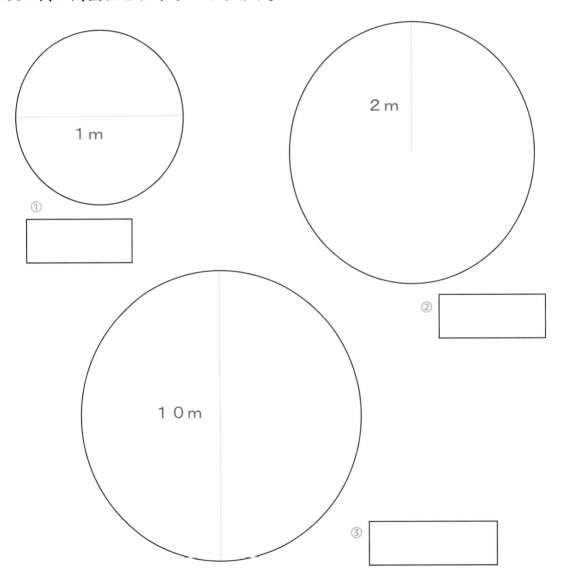

1 m

①

2 m

②

１０m

③

きのくに子どもの村のおもしろ学習プリント　　かず

円もおもしろい　2

なまえ：＿＿＿＿＿＿＿＿＿＿＿＿＿＿

運動会で右の図のようなコースを
作ります。1週の長さを２００
メートルにしたいのです。
A〜Bの長さをどれだけにしたら
よいでしょう。

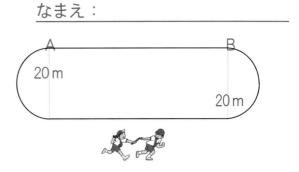

ヒント
　1．曲線の部分はどれだけの長さ？
　2．２００mから曲線の部分をのけると、あとは何メートル？

① [   ]

（同じような問題です。なかなかですよ）
図のような形の土地があります。
A〜B，C〜D、E〜F、G〜H
は同じ長さです。
ぐるっと１周すると
120mあります。

A〜Bの長さはどれだけ？

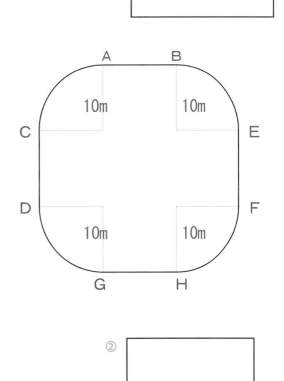

② [   ]

円もおもしろい　3

なまえ：＿＿＿＿＿＿＿＿＿＿＿＿

「円」のつくことばを集めてみました。さて、どっちの意味が正しい❓

① 円満な人
1．あらそいを好まないおだやかな人。
2．はげ頭の男の人。

② 円心
1．たとえ1円でも大切に節約する人。
2．円の中心点。

③ 大団円をむかえる
1．劇や小説がハッピーエンドで終わる。
2．運動会などで大きな輪になって演技する。

④ 水は方円の器にしたがう
1．水や飲み物を入れるときは、円形の入れ物に入れるとたくさん入る。
2．水は入れ物によって形が変わるように、人は付き合う仲間や友人によって良くも悪くもなる。

⑤ 円卓会議
1．話がぐるぐる回るばかりで、いつまでたっても結論が出ない。
2．身分や地位に関係なく自由に話し合う会議。

⑥ 前方後円墳
1．◯（まる）と□（四角）を組み合わせた形の大昔の日本の大きなお墓。
2．まるい形をした大昔のエジプトのピラミッド。

円もおもしろい　4

なまえ：

円の面積（めんせき）はどれくらいだろう？
半径が１０cmの円を図のように切り、
これを上下半分ずつに分けます。

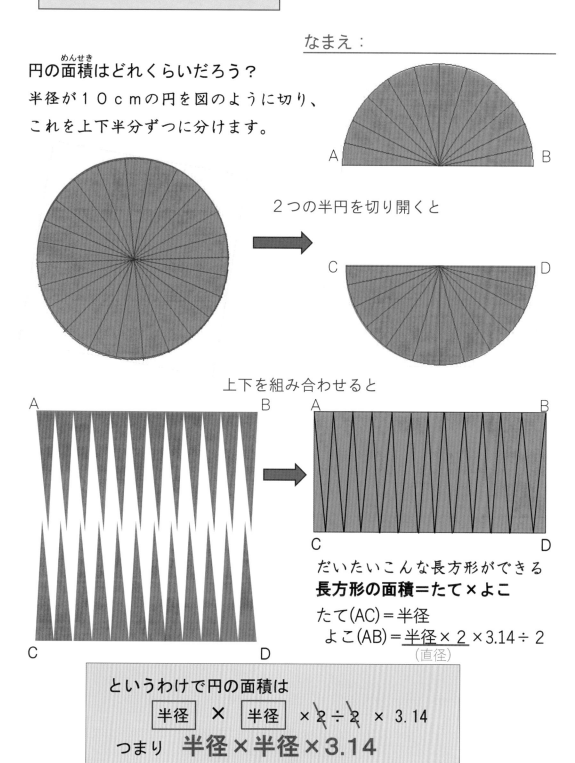

２つの半円を切り開くと

上下を組み合わせると

だいたいこんな長方形ができる
長方形の面積＝たて×よこ
たて(AC)＝半径
よこ(AB)＝半径× 2 ×3.14÷2
　　　　　（直径）

というわけで円の面積は
半径 × 半径 ×2÷2 × 3.14
つまり　**半径×半径×3.14**

円もおもしろい　5

なまえ：＿＿＿＿＿＿＿＿＿＿＿＿＿＿＿

円の面積の公式Ｂ

円の面積は、どのように計算（けいさん）したらいいだろう？　別（べつ）のやり方で考（かんが）えてみよう。

半径が１０ｃｍの円に図のように１ｃｍごとに切れ目を入れてみます。

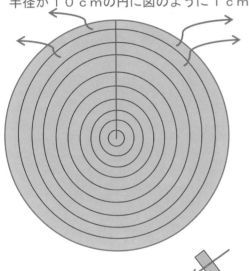

このように、外側（そとがわ）から

　　１枚ずつはがしていきます。

　すると……

　こんなふうに、広（ひろ）がって

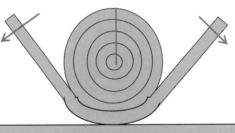

やがて、こんな三角形に……

この三角形と円の面積は

同じはず。

この三角形の　　底辺（ていへん）＝半径×２×3.14　　　高さは＝半径と同じ
　　　　　　　　　　　　　（直径）

三角形の面積は　　底辺（ていへん）×高さ÷２　　だから

円の面積は　半径×２×3.14×半径÷２　つまり　半径×半径×3.14

　　　　　　　　　　　　　　　　　　　めでたしめでたし！

円もおもしろい 6

なまえ：＿＿＿＿＿＿＿＿＿＿＿＿＿＿

いろいろなへんな図形があります。

それぞれの色のついた部分の面積はどれくらいかな。（円周率は 3.14 と

します）まずは簡単なものから。

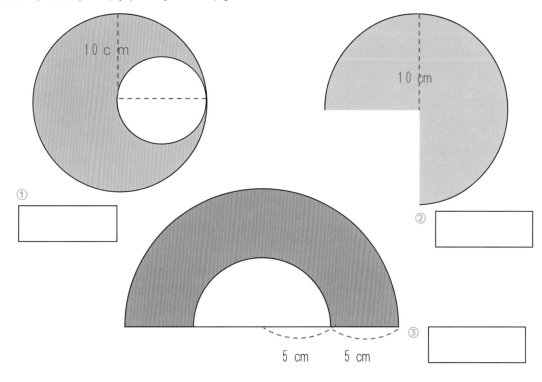

①

②

③

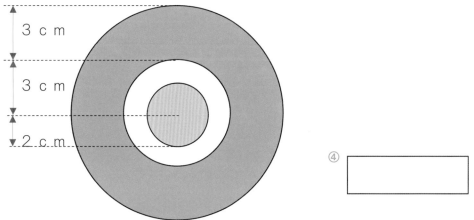

3 cm

3 cm

2 cm

④

円もおもしろい 7

なまえ：＿＿＿＿＿＿＿＿＿＿＿

ヒツジとウマが草を食べられる広さはどれだけ？

校舎のまわりは、ぜーんぶおいしい草ばかり。

ヒツジのひもの長さは１０ｍです。

１㎡未満は四捨五入しよう。

２０ｍ

学校の校舎

４５ｍ

ウマのひもの長さは１０ｍ

１㎡未満は四捨五入しよう。

ヒツジ ＿＿＿＿＿＿＿＿＿＿

ウ　マ ＿＿＿＿＿＿＿＿＿＿

円もおもしろい　8

なまえ：

だんだんややこしくなるぞ。

いろいろなへんな図形があります。挑戦して楽しんでみよう。

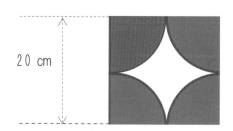

20 cm

青い部分の合計面積は？

①

真ん中の白い部分の面積は？

②

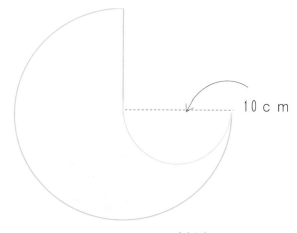

10 cm

黄色い部分の面積は？

③

これができたら、君は相当に秀才

黄色い部分の面積は

どれだけだろう？

＊線の太さは考えません。

④

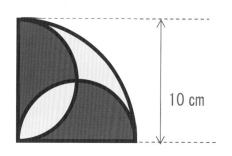

10 cm

いじわるもんだい　1

なまえ：_____

いじわる算数ですよ。ご用心！

1．ある日、かつやま子どもの村の　（ごんちゃん）　が　〔10000円札〕　を持って　（ひでちゃん）　の
ためにお酒を買いに出かけました。３５００円の高級ワインを２本買い
ました。　おつりはいくらでしょう。

2．ある日曜日の午後２時１５分ころ、北九州の　（プーちゃん）　が郵便局へ切手を
買いに行きました。１枚８４円の切手をできるだけ買います。でも財布に
は５００円玉１個しかありません。８４円切手は何枚買えたでしょう。

3．ある土曜日の朝１０時半ころ、おこんおばあさん
とサクラおばあさんが 、なかよく手をつないで散歩
していました。
　ちょうど図のような両側が高い塀になっている
ところまで来た時です。後ろから幅１９０cmの
オレンジ色の大型ダンプカーが時速７０キロの
猛スピードで走ってきました。

2m

　高い塀なのでよじ登ることはできません。マンホールのような穴もあり
ません。運転手は二人に気がつかないでそのまま走り抜けました。
　さいわいなことに、二人のおばあさんは、かすりキズ一つしないで、
無事に助かりました。それはなぜでしょう。

いじわるもんだい　2

なまえ：＿＿＿＿＿＿＿＿＿

いじわる算数_{さんすう}ですよ。ご用心！

1. が、アフリカで買っためずらしい　CHOCC　を5個もっています。
ほりさん　　　　　　　　　　　　　　　　　　　チョコレート

まるちゃん　が「おねがい、わたしにも1個ちょうだい」といいました。

何個残_{のこ}っていますか。

個

2. 長さが66.6cmで、幅_{はば}が3cmのテープがあります。

3cm

66.6cm

3本ともぴったりの長さになるように3本に切りました。
テープ1本の長さはどれだけでしょう。

cm

分数 1

ある年の子どもの村小学校の5年生と6年生は全部で24人です。

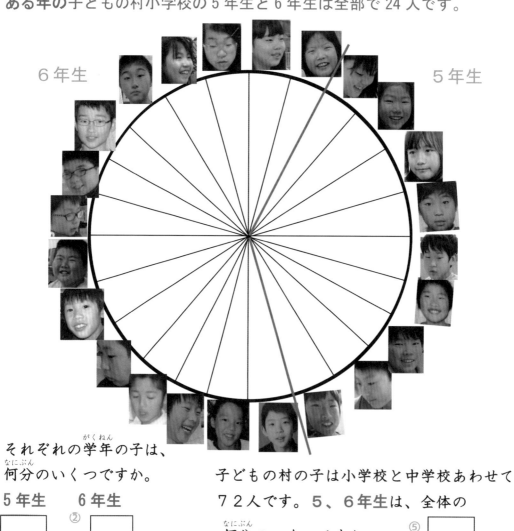

6年生　　　　　　　　　　　　　　　　　　　5年生

それぞれの学年の子は、
何分のいくつですか。

子どもの村の子は小学校と中学校あわせて
72人です。**5、6年生**は、全体の
何分のいくつですか。

5年生　　　6年生

①　　　　　　②

⑤

できるだけ簡単な分数に直すと　　　できるだけ簡単な分数に直すと

③　　　　　　④

⑥

分数 ２

なまえ：＿＿＿＿＿＿＿＿＿＿＿＿＿＿＿＿

それぞれの大きさの分数になるように、好きな色を塗りましょう。

① $\dfrac{1}{2}$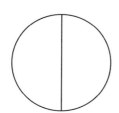

② $\dfrac{1}{3}$

③ $\dfrac{1}{4}$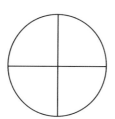

④ $\dfrac{1}{5}$

⑤ $\dfrac{1}{6}$

⑥ $\dfrac{1}{8}$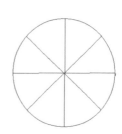

⑦ $\dfrac{1}{9}$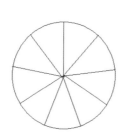

⑧ $\dfrac{1}{12}$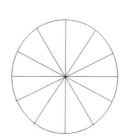

分数 3

なまえ：＿＿＿＿＿＿＿＿＿＿＿＿＿＿

それぞれの大きさの分数になるように、好きな色を塗りましょう。

① $\dfrac{2}{3}$

② $\dfrac{4}{6}$
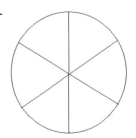

③ $\dfrac{6}{9}$
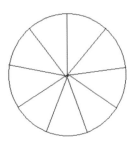

④ $\dfrac{8}{12}$
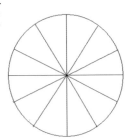

⑤ $\dfrac{10}{15}$
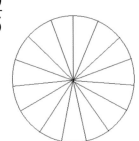

⑥ $\dfrac{16}{24}$
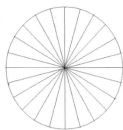

⑦ $\dfrac{3}{4}$
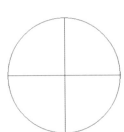

⑧ $\dfrac{6}{8}$
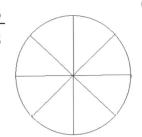

⑨ $\dfrac{9}{12}$
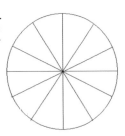

⑩ $\dfrac{12}{16}$
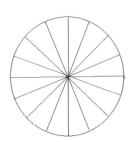

⑪ $\dfrac{18}{24}$
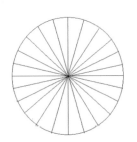

分数 4

なまえ：＿＿＿＿＿＿＿＿＿＿＿＿

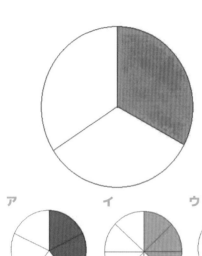

① これと同じ大きさの分数をさがして
〇をつけなさい。（１つとはかぎらない）

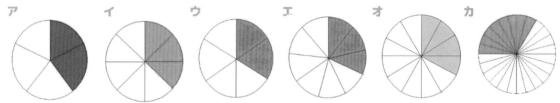

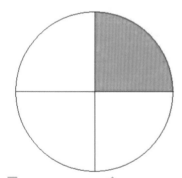

② これと同じ大きさの分数をさがして
〇をつけなさい。（１つとはかぎらない）

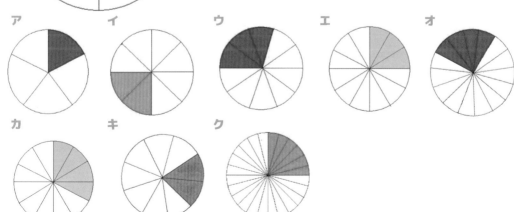

| 分 数 | 5 |

なまえ：_____

「分」という字には「ふん」「ぶん」「ぶ」「わ（ける）」などの読み方があります。「分」のついたことばや、ことわざを集めてみました。正しい意味はどれでしょう。線でむすんでください。

① 五分五分　　　　　　　　ゴミをいろいろな種類に分けて出す

② 分が悪い　　　　　　　　仲間内で同じになるように分ける

③ 盗人にも三分の理　　　　差別する

④ ごみの分別　　　　　　　勝てる可能性が低い

⑤ 分煙　　　　　　　　　　無茶苦茶に忙しい。

⑥ 山分け　　　　　　　　　どんなことでも「へ理屈」はつけられる
　　　　　　　　　　　　　　（へ理屈＝無理な理屈）

⑦ 分けへだてする　　　　　身分や地位の低い者のくせに

⑧ 〜の分際で　　　　　　　可能性は半分半分だ。

⑨ 親分子分の関係　　　　　煙草をすえる場所や時間を分ける

⑩ 分きざみの生活　　　　　命令するものと従う者の間がら

**この男の子のあだ名は「かぶんす（仮分数）」でした。
なぜ、こんなあだ名がついたのでしょう。**
　1．何でも知ってる「物知り博士」だったから。
　2．勉強がすごくよくできる子だった。
　3．頭がすごくでっかい子だったので。

分数 6

なまえ：＿＿＿＿＿＿＿＿＿＿＿＿

同じ大きさの分数になるように同じ色をぬってみよう。

① ④ ⑦ ⑩

② ⑤ ⑧ ⑪

③ ⑥ ⑨ ⑫

分数　7

なまえ：＿＿＿＿＿＿＿＿＿＿＿＿＿＿＿＿＿

分数には、いい方はちがっても、同じ大きさのものが多い。
同じ大きさになるように　□　の中に数字を入れよう。

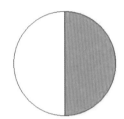 ① $= \dfrac{□}{2} = \dfrac{□}{4} = \dfrac{□}{6} = \dfrac{□}{8} = \dfrac{□}{12}$

 ② $= \dfrac{□}{3} = \dfrac{□}{6} = \dfrac{□}{9} = \dfrac{□}{12} = \dfrac{□}{24}$

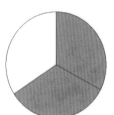 ③ $= \dfrac{□}{3} = \dfrac{□}{6} = \dfrac{□}{9} = \dfrac{□}{12} = \dfrac{□}{24}$

④ $= \dfrac{□}{4} = \dfrac{□}{8} = \dfrac{□}{12} = \dfrac{□}{24}$

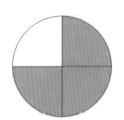 ⑤ $= \dfrac{□}{4} = \dfrac{□}{8} = \dfrac{□}{12} = \dfrac{□}{24} = \dfrac{□}{□}$

好きな分数を
つくってみよう！

分数 8

例にならって、きれいな色をぬりながら分数の足し算をしてみよう。

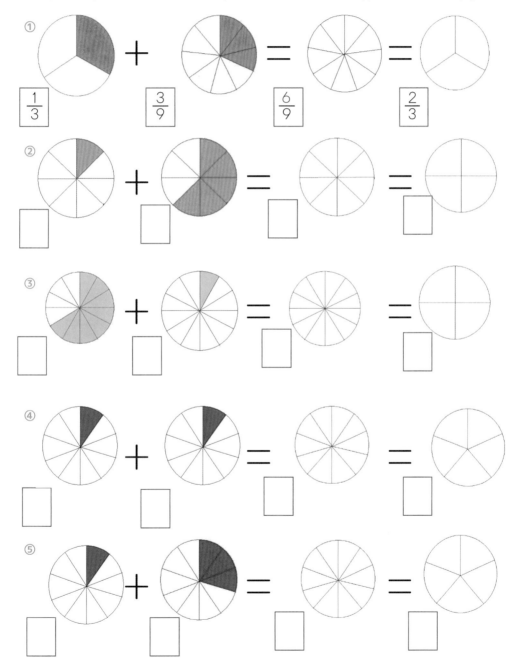

分数 9

なまえ：＿＿＿＿＿＿＿＿＿＿＿＿＿＿

1.みんなの大好きな ひでちゃん の29歳の誕生日のパーティを計画しました。

費用は全部で3000円かかりました。

　　　が、全体の2分の1のお金を出しました。

　　　と　　　は残りのお金の半分ずつ出しました。

　　　は、いくら出したでしょう。

① ＿＿＿＿＿

あとの二人は、いくらずつ払ったらいいですか。

② ＿＿＿＿＿

あとの二人は、全体の費用の何分のいくつずつ
払ったことになりますか。

③ ＿＿＿＿＿

2.ピザがあります。5－6年生の基礎学習の時間に24人の子が食べます。

1人が6分の1ずつ食べるには、ピザは何枚必要ですか。

④ ＿＿＿＿＿

分数 10

なまえ：＿＿＿＿＿＿＿＿＿＿＿＿

分数には 3 つのタイプがあります。

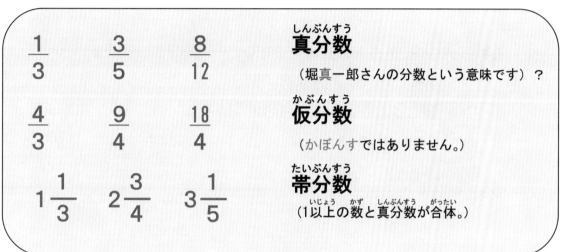

$\dfrac{1}{3}$　　$\dfrac{3}{5}$　　$\dfrac{8}{12}$　　**真分数**
しんぶんすう

（堀真一郎さんの分数という意味です）？

$\dfrac{4}{3}$　　$\dfrac{9}{4}$　　$\dfrac{18}{4}$　　**仮分数**
かぶんすう

（かぼんすではありません。）

$1\dfrac{1}{3}$　$2\dfrac{3}{4}$　$3\dfrac{1}{5}$　**帯分数**
たいぶんすう

（1以上の数と真分数が合体。）
いじょう　かず　しんぶんすう　がったい

それぞれの大きさを分数で書いてください

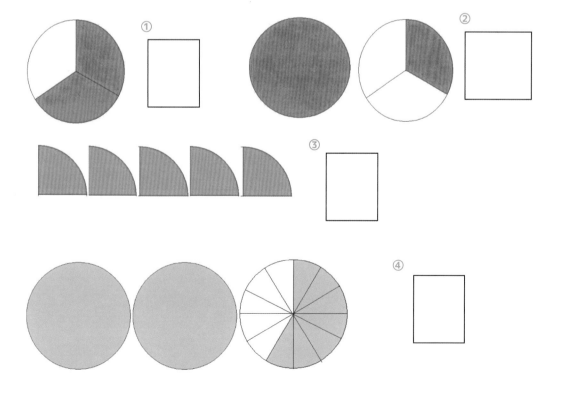

① ▢

② ▢

③ ▢

④ ▢

分数 11

なまえ：＿＿＿＿＿＿＿＿＿＿＿＿＿＿

算数の時間にピザパーティをします。
1人の食べる分量は右の絵のとおり。
子どもは18人、担任の大人は2人です。

1．1人分のピザの大きさは、どれだけですか。
分数で書きましょう。

2．みんなが食べるピザの分量は仮分数で書くとどれだけでしょう。

3．これを帯分数で書くとどうなりますか。

4．このパーティでは、ピザは、何枚やかないといけませんか。

5．ピザを4分の1ずつ食べるとすると、ピザは何枚やかないといけませんか。

分数 | 12

色をぬって分数の計算をしよう。

なまえ：＿＿＿＿＿＿＿＿＿＿＿

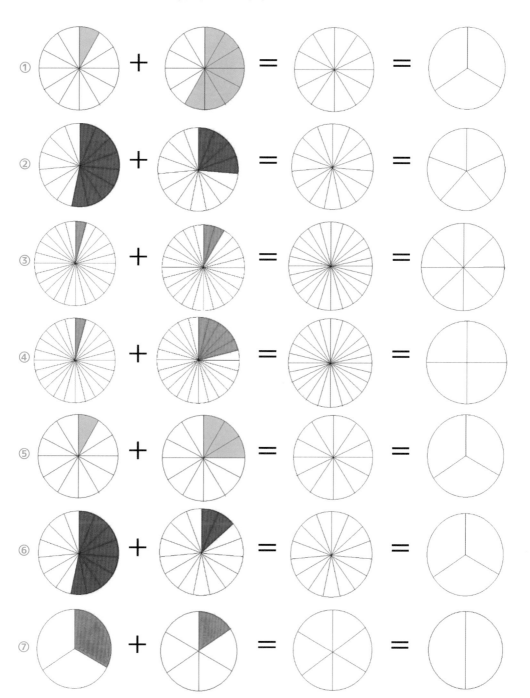

分数 | 13

分数の計算をしよう。　　　なまえ：＿＿＿＿＿＿＿＿＿＿

① $\dfrac{1}{4} + \dfrac{2}{4} = \dfrac{\square}{4}$

② $\dfrac{1}{6} + \dfrac{3}{6} = \dfrac{\square}{6} = \dfrac{2}{\square}$

③ $\dfrac{2}{5} + \dfrac{2}{5} = \dfrac{\square}{\square}$

④ $\dfrac{1}{8} + \dfrac{5}{8} = \dfrac{\square}{\square} = \dfrac{3}{\square}$

⑤ $\dfrac{4}{9} + \dfrac{2}{9} = \dfrac{\square}{\square} = \dfrac{2}{\square}$

⑥ $\dfrac{3}{10} + \dfrac{1}{10} = \dfrac{\square}{\square} = \dfrac{\square}{\square}$

⑦ $\dfrac{1}{12} + \dfrac{3}{12} = \dfrac{\square}{\square} = \dfrac{\square}{\square}$

⑧ $\dfrac{1}{12} + \dfrac{7}{12} = \dfrac{\square}{\square} = \dfrac{\square}{\square}$

分数 14

なまえ：＿＿＿＿＿＿＿＿＿＿＿＿＿＿

分母のちがう分数の計算

分数には分母と分子があります。
分母が同じならかんたんだけど、
ちがっていると工夫が必要

分母が同じなら

$$\frac{1}{4} + \frac{2}{4} = \frac{3}{4}$$

$$\frac{2}{12} + \frac{7}{12} = \frac{9}{12} = \frac{3}{4}$$

でも、分母がちがうと

$$\frac{1}{6} + \frac{1}{3} = \frac{1}{6} + \frac{2}{6} = \frac{3}{6} = \frac{1}{2}$$

$$\frac{1}{3} + \frac{1}{4} = \frac{4}{12} + \frac{3}{12} = \frac{7}{12}$$

計算をしよう。

① $\dfrac{1}{2} + \dfrac{3}{8} =$

② $\dfrac{1}{5} + \dfrac{3}{10} =$

きのくに子どもの村のおもしろ学習プリント　　かず

分数　15

なまえ：＿＿＿＿＿＿＿＿＿＿＿＿＿

と　　　が、念願のマイホームを建てることになりました。

予算は２４００万円です。

　　　は、予算全体の４分の１出せます。

　　　は、予算全体の３分の２出せます。

１．２人合わせると全体の何分のいくつになりますか。

２．あと、何分のいくつ足りませんか。

３．２人はそれぞれいくら出せるのでしょう。

４．足りないお金の金額はどれだけですか。

５．２人は、お金が足りないので、どうしましたか。

　　A.　　家を建てるのをあきらめた。

　　B.　　　　　から借りた。

　　C　　計画を変えて小さい家を建てることにした。

　　D.　　けんか別れした。

分数 16

なまえ：＿＿＿＿＿＿＿＿＿＿＿

パーティを開きます。

ピザを焼くことになりました。１人６分の１ずつ配ります。

パーティの参加者は全部で４２人です。

ピザは何枚焼かないといけませんか。

考え方

$$\frac{1}{6} \times 42 = \frac{42}{6} = \frac{7}{1} = 7$$

答え　| ７枚 |

同じようにやってみよう。

学校全体でクリスマス・パーティを開きます。

ピザを焼くことになりました。１人６分の１ずつ配ります。

小学校は４１人、中学生は２９人、大人は１４人です。

ピザは何枚焼かないといけませんか。

① 答え　|　　　　|

このパーティで大人のためにワインを買います。

大人は、お客さんも含めて全部で２７人です。

１人が、１本のビンの３分の１ずつ飲むとすると、ワインは何本必要でしょう。

② 答え　|　　　　|

分数 | 17

なまえ：＿＿＿＿＿＿＿＿＿＿＿＿＿＿

が、漢字のプリントをしています。1時間に1枚と3分の1できます。
6時間つづけてしました。
何枚できたでしょう。

考え方

$$1\frac{1}{3} \times 6 = \frac{4}{3} \times 6 = \frac{4 \times 6}{3} = \frac{24}{3} = \frac{8}{1} = 8$$

答え　| 8まい |

おなじようにやってみよう。
は、算数のプリントをしています。1時間に1枚と4分の1できます。
8時間つづけてしました。
何枚できたでしょう。

① 答え　| 　　まい |

は、英語のプリントをしています。1日に2枚と3分の1できます。3週間つづけました。何枚できたでしょう。

② 答え　| 　　まい |

分数 18

なまえ：＿＿＿＿＿＿＿＿＿＿＿＿＿＿

が、超 むずかしい数学のプリントをしています。1時間に半分しかできません。6時間がんばりました。プリントはどれだけできたでしょうか。

考え方

$$\frac{1}{2} \times 6 = \frac{1 \times 6}{2} = \frac{\overset{3}{\cancel{6}}}{\underset{1}{\cancel{2}}} = \frac{3}{1} = 3$$

①答え ☐

が、超 々 むずかしい数学のプリントをしています。1時間に3分の1しかできません。9時間がんばりました。プリントはどれだけできたでしょうか。

②答え ☐

が、超 々 々 むずかしい数学のプリントをしています。

1時間に4分の1しかできません。10時間がんばりました。プリントはどれだけできたでしょうか。

③答え ☐

が原稿用紙に作文を書いています。1時間に1枚の3分の2書きます。6時間書きつづけました。何枚書けたでしょうか。

④答え ☐

分数 19

なまえ：＿＿＿＿＿＿＿＿＿＿＿＿＿

 校長先生の　　が、むずかしい英語のプリントに挑戦しました。

１時間に半分（２分の1）しかできません。３０分（半時間）であきらめて

しまいました。

　　英語のプリントはどれだけできたでしょう。

考え方

$$\frac{1}{2} \times \frac{1}{2} = \frac{1 \times 1}{2 \times 2} = \frac{1}{4}$$

① 答え ☐

 が、超むずかしい英語のプリントに挑戦しました。

１時間に３分の２できます。４時間半がんばりました。

英語のプリントはどれだけできたでしょう。

$$\frac{2}{3} \times 4\frac{1}{2} = \frac{2}{3} \times \frac{9}{2} = \frac{2 \times 9}{3 \times 2} =$$

② 答え ☐

が、超々むずかしい英語のプリントに挑戦しました。１時間に１枚半

できます。２時間半がんばりました。

英語のプリントはどれだけできたでしょう。

$$1\frac{1}{2} \times 2\frac{1}{2} = \frac{3 \times 5}{2 \times 2} =$$

③ 答え ☐

分数 20

なまえ：＿＿＿＿＿＿＿＿＿＿＿＿＿＿

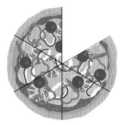 ピザがあります。これを
配ると何人に配れますか。 ずつ

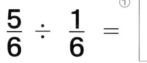 ① ☐

$$\frac{5}{6} \div \frac{1}{6} = $$ ① ☐

 ピザがあります。これを
配ると何人に配れますか。 ずつ

$$\frac{2}{3} \div \frac{1}{3} = $$ ② ☐

 ピザがあります。これを
配ると何人に配れますか。 ずつ

$$\frac{3}{4} \div \frac{1}{4} = $$ ③ ☐

 ピザがあります。これを
配ると何人に配れますか。 ずつ

$$\frac{1}{2} \div \frac{1}{4} = $$ ④ ☐

分　数 | 21

なまえ：＿＿＿＿＿＿＿＿＿＿＿＿＿＿

 の中に  は、いくつありますか。

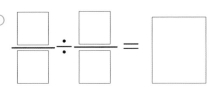

① $\dfrac{\Box}{\Box} \div \dfrac{\Box}{\Box} = \boxed{}$

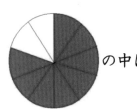 の中に  は、いくつありますか。

② $\dfrac{\Box}{\Box} \div \dfrac{\Box}{\Box} = \boxed{}$

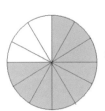 の中に は、いくつありますか。

③ $\dfrac{\Box}{\Box} \div \dfrac{\Box}{\Box} = \boxed{}$

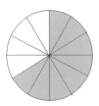 の中に  は、いくつありますか。

④ $\dfrac{\Box}{\Box} \div \dfrac{\Box}{\Box} = \boxed{}$

分数 | 22

なまえ：_____

 の中に  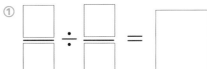 は、いくつありますか。

①

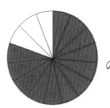 の中に 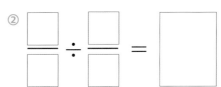 は、いくつありますか。

②

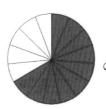 の中に  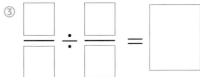 は、いくつありますか。

③

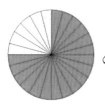 の中に は、いくつありますか。

④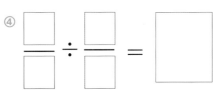

分数 23

なまえ：＿＿＿＿＿＿＿＿＿＿＿＿＿＿＿

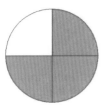 の中に  は、いくつありますか。

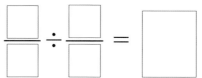

 の中に  は、いくつありますか。

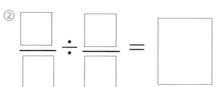

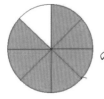 の中に は、いくつありますか。

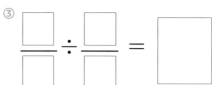

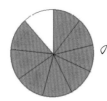 の中に は、いくつありますか。

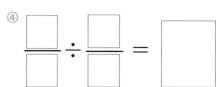

分数 24

なまえ：

 の中に  は、どれだけありますか。

①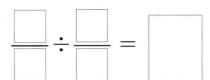

 の中に 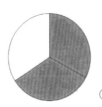 は、どれだけありますか。

②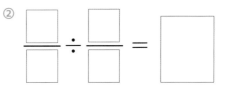

 の中に は、どれだけありますか。

③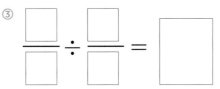

 の中に は、どれだけありますか。

④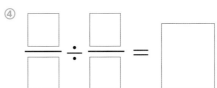

分数 25

なまえ：＿＿＿＿＿＿＿＿＿＿＿＿＿＿

分数の割り算の考え方（その１）

1．まず、$\dfrac{1}{2}$ ÷ $\dfrac{1}{4}$ を考えてみよう。図でかくと次のとおり。

 の中に は、いくつ入るか。

答え ▢

2．では、 の中に は、いくつ入るか。

答え　半分しか入らない ▢

この二つを数式で書くと

$\dfrac{1}{2}$ ÷ $\dfrac{1}{4}$ ＝ 2　　　　　$\dfrac{1}{4}$ ÷ $\dfrac{1}{2}$ ＝ $\dfrac{1}{2}$

3． の中に は、いくつ入るか。

答え ▢

＊4．では、 の中に は、いくつ入るか。

答え　３分の１しか入らない ▢

この二つを数式で書くと

$\dfrac{3}{6}$ ÷ $\dfrac{1}{6}$ ＝ 3　　　　　$\dfrac{1}{6}$ ÷ $\dfrac{3}{6}$ ＝ $\dfrac{1}{3}$

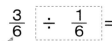

分数の割り算は、▢ のところに、ちょっとした秘密（ひみつ）があるのだ。

分数 | 26

分数の割り算の考え方（その２、かけ算と割り算の関係）
まず、かんたんな例（れい）から考えてみよう。

> 大福餅（だいふくもち）が６個あります。これを３人の人に分けると、１人分は何個？

まず割り算で……　　$6 \div 3 = 2$　　これはかんたん。

もう１つの考え方。

　　３で割るということは、３分の１にする、というのと同じだから、

$$6 \times \frac{1}{3} = \frac{\overset{2}{6} \times 1}{\underset{1}{3}} = \frac{2}{1} = 2$$

つまり

$6 \div 3 = 2$　と　$6 \times \dfrac{1}{3} = 2$　は、同じ答えになるよ。

No. 25 の ４の問題（ ＊ ）で確かめてみよう。

 の中に ■ は、いくつ入るか。

$$\frac{1}{6} \div \frac{3}{6} = \frac{1}{\underset{1}{6}} \times \frac{\overset{1}{6}}{3} = \frac{1}{3}$$

答え $\boxed{\dfrac{1}{3}}$

めでたしめでたし
３分の１しか入らないというわけ

計算をしてみよう

① $\dfrac{1}{4} \div \dfrac{1}{6} =$

② $\dfrac{4}{9} \div \dfrac{2}{3} =$

分　数 27

なまえ：＿＿＿＿＿＿＿＿＿＿＿＿

とまあ、こんなわけで、分数で割り算をするときは、割る方の分数をひっくり返して、かけ算にするとラクらしいとわかったので、次の計算をしてみよう。

① $\dfrac{1}{3} \div \dfrac{1}{3} =$

② $\dfrac{2}{3} \div \dfrac{1}{6} =$

③ $\dfrac{1}{4} \div \dfrac{1}{8} =$

④ $\dfrac{2}{4} \div \dfrac{1}{6} =$

⑤ $\dfrac{3}{4} \div \dfrac{8}{12} =$

⑥ $\dfrac{4}{5} \div \dfrac{2}{15} =$

⑦ $\dfrac{4}{9} \div 1\dfrac{1}{6} =$

こたえ

いろいろなかず1　①1　②5　③2　④3　⑤4　⑥5　⑦6　⑧8　⑨7　⑩8　⑪9　⑫9　⑬3　⑭10

いろいろなかず2　①19　②4つ

あわせていくつ1　①5　②7　③9　④10　⑤5　⑥7　⑦9　⑧10

あわせていくつ2　①9　②12　③14　④19　⑤15

あわせていくつ3　①14　②12　③11　④21　⑤14　⑥12　⑦11　⑧21　⑨31

あわせていくつ4　①5＋3＝8　②$\begin{array}{r}5\\+3\\\hline 8\end{array}$　③$\begin{array}{r}8\\+\ 6\\\hline 1\,4\end{array}$　④$\begin{array}{r}1\,8\\+\ \ 7\\\hline 2\,5\end{array}$

あわせていくつ5　①20＋10＝30　②21＋12＝33　③24＋16＝40　④17＋4＝21

おおいすくない1　①ぞうが3とうおおい　②いぬが3ひきおおい
　③ライオンが3とうおおい　④さかな（マグロ）が6ぴきおおい

おおいすくない2　①(1) 5＋8＝13　13人　(2) 8－5＝3　女の大人が3人おおい
　②(1) 35＋47＝82　82人　(2) 47－35＝12　男の子が12人おおい
　③117－14＝103　103人

おおいすくない3　①6－3＝3　さくくんが3こおおい　②9－3＝6　6こ
　③8＋7＝15　15ひき　④17－9＝8　8ひき

おおいすくない4　①100円（1000－（700＋100＋100）＝100）
　②300円（1000－（300＋200＋200）＝300）
　③250円（1000－（500＋200＋50）＝250）
　④0円（1000－（750＋150＋100）＝0）
　⑤400円（1000－（250＋150＋200）＝400）
　⑥200円（1000－（280＋320＋200）＝200）

九九はべんりだ1　①6　②14　③12　④27　⑤12　⑥32　⑦25　⑧45　⑨24　⑩42　⑪21　⑫49　⑬48　⑭27　⑮81

九九はべんりだ2　①2×6＝12　②3×4＝12　③4×3＝12　④6×2＝12
　⑤2×9＝18　⑥3×6＝18　⑦6×3＝18　⑧9×2＝18
　⑨3×8＝24　⑩4×6＝24　⑪6×4＝24　⑫8×3＝24
　⑬4×9＝36　⑭6×6＝36　⑮9×4＝36

九九はべんりだ3　①3＋3＝6　6円　②3×2＝6　③6

九九はべんりだ4　①8円　②2＋2＋2＋2＝8　③2×4＝8　④8　⑤8

九九はべんりだ5　①22　②39　③66　④60　⑤88　⑥100

九九はべんりだ6　①6　②12　③8　④20　⑤6　⑥8　⑦15　⑧20　⑨12　⑩12

　　　　　　　　　⑪25　⑫18　⑬30　⑭90　⑮80　⑯100

九九はべんりだ7　①42　②40　③2　④48　⑤6

九九はべんりだ8　①4×7＝28　②3×9＝27　③ヒマワリが1本おおい　④48

九九はべんりだ9　①14　②21　③(1) 6　(2) 42　(3) 180　(4) 1800

　　　　　　　　　④答えはどれでもよい（子どもは2を選ぶことが多いようです）

九九はべんりだ10　①40　②6　③
$$\begin{array}{r} 2\,0 \\ \times\,2\,0 \\ \hline 0\,0 \\ 4\,0 \\ \hline 4\,0\,0 \end{array}$$
④60　⑤
$$\begin{array}{r} 2\,3 \\ \times\,2\,2 \\ \hline 4\,6 \\ 4\,6 \\ \hline 5\,0\,6 \end{array}$$
⑥20　⑦1　⑧
$$\begin{array}{r} 2\,0 \\ \times\,3\,0 \\ \hline 0\,0 \\ 6\,0 \\ \hline 6\,0\,0 \end{array}$$

⑨30　⑩
$$\begin{array}{r} 2\,1 \\ \times\,3\,1 \\ \hline 2\,1 \\ 6\,3 \\ \hline 6\,5\,1 \end{array}$$
⑪60　⑫4　⑬
$$\begin{array}{r} 3\,0 \\ \times\,2\,0 \\ \hline 0\,0 \\ 6\,0 \\ \hline 6\,0\,0 \end{array}$$
⑭40　⑮
$$\begin{array}{r} 3\,2 \\ \times\,2\,2 \\ \hline 6\,4 \\ 6\,4 \\ \hline 7\,0\,4 \end{array}$$

九九はべんりだ11　①420個（12×35＝420）　②3500円（35×100＝3500）

　　　　　　　　　③550個（22×25＝550）　④3750円（25×150＝3750）

おもしろい数のはなし1　①1＝1×1　②4＝2×2　③9＝3×3　④16＝4×4

　　　　　　　　　⑤25＝5×5　⑥10×10＝100　100個

　　　　　　　　　⑦50×50＝2500　2500個

おもしろい数の話2　①4＝2×2　②9＝3×3　③16＝4×4　④25＝5×5

　　　　　　　　　⑤36＝6×6　⑥49＝7×7　⑦64＝8×8　⑧169＝13×13

　　　　　　　　　⑨50×50＝2500

おもしろい数の話3　①0　②1　③2　④3　⑤4　⑥5　⑦6　⑧7　⑨99

おもしろい数の話4　①（左から）1、3、5、7、9、11、13、15

　　　　　　　　　②（左から）1、4、9、16、25、36、49、64

　　　　　　　　　③段数×2－1＝横一列の数　④段数×段数＝正三角形の総数

　　　　　　　　　⑤7段目　⑥49

おもしろい数の話5　たか子さんの作った道の方が短い。(川の幅の長さは同じなので、2人
　　　　の道はそれぞれ、りえたくんはBS＋SC、たか子さんはBCとなる。三角形の2辺
　　　　の長さの合計は1辺の長さより長くなるので、BS＋SCよりBCの方が短くなる。
　　　　だから、たか子さんの道の方が短くなる)

おもしろい数の話6　①25　②9　③25 − 9 = 16　④（3 × 3）+（4 × 4）= 5 × 5

おもしろい数の話7　①26　②　　③どれも同じ

おもしろい数の話8　①12　②24　③60　④60　⑤12　⑥360　⑦7　⑧5　⑨3…1
　　　　　　　　　　　⑩2…2　⑪2　⑫6　⑬4　⑭3　⑮4 × 3のケース

わりざん1　(1) 9 × 6 = 54　54個　(2) 23 × 2 = 46　46個　(3) 54 − 46 = 8　8個
　　　　　　　(4) 9 × 8 ÷ 2 3 = 3…3　3個

わりざん2　①5　②2　③3　④5　⑤4　⑥3　⑦9　⑧6　⑨4　⑩5　⑪8　⑫5　⑬8
　　　　　　　⑭6　⑮4　⑯6　⑰8　⑱9　⑲8　⑳9　㉑9　㉒10　㉓2

わりざん3　(1) 12 ÷ 2 = 6　6組　(2)① 23 + 3 = 26　26人　②10組　③3組
　　　　　　　④13組

わりざん4　①4　②3

わりざん5　①20個　②15個　③12個

$$4\overline{)60}$$

わりざん6　①14個（42 ÷ 3 = 14）　②21個（84 ÷ 4 = 21）
　　　　　　　③19チーム（95 ÷ 5 = 19）

わりざん7　①12　②18　③13　④13　⑤12　⑥12　⑦11　⑧34　⑨111　⑩102
　　　　　　　⑪122　⑫140

わりざん8　①6 × 6 = 36　36 ÷ 4 = 9　9はち　②15 × 8 = 120　120 ÷ 5 = 24　24は
　　　　　ち　③(1) 49 × 8 = 392　560 − 392 = 168　168個　(2) 168 ÷ 3 = 56　56人

わりざん9　①11　②110　③76　④101　⑤500　⑥10001　⑦1000000000　⑧365
　　　　　　　⑨901　⑩888888888　⑪36　⑫360　⑬3600　⑭36000　⑮35568　⑯12
　　　　　　　⑰121　⑱52

図形はゆかいだ1　①ウ　②ウ　③ア　④ウ　⑤台形　⑥長方形・ながしかく　⑦ひし形
　　　　　　　　　⑧正方形・ましかく

図形はゆかいだ2　①ア　②ウ　③ウ　④二等辺三角形　⑤直角三角形　⑥正三角形

図形はゆかいだ4　①50度　②75度　③15度　④120度

図形はゆかいだ5　①62度　②62度　③22度　④22度　気がついたこと：2つの線が交

わると、その時の向かい合う2つの角度は同じ。（対頂角という）

図形はゆかいだ6　①65度　②65度　③70度　④70度　気がついたこと：平行な2つの
線にななめに別の線が通った時、同じ方向の2つの角度（①と②）は同じ。（同位
角という）。平行線の反対側にできる2つの角度（③と④）は同じ。（錯角という）

図形はゆかいだ7　①1　②2　③2

図形はゆかいだ8　①78度　②31度　③71度　④180度　⑤114度　⑥39度　⑦27度
⑧180度

図形はゆかいだ9　①360度　②540度　③720度　④1080度

図形はゆかいだ10　①25m^2　②42m^2　③36m^2　④36m^2

図形はゆかいだ11　①15m^2　②16m^2　③15m^2　④25m^2

図形はゆかいだ12　まさおの家の方が21.5m^{2}広い

円もおもしろい1　①3.14m　②12.56m（直径は4m）　③31.4m

円もおもしろい2　①68.6m　②14.3m

円もおもしろい3　①1　②2　③1　④2　⑤2　⑥1

円もおもしろい6　①235.5cm^2　②235.5cm^2　③117.75cm^2　④97.34cm^2

円もおもしろい7　ヒツジ：157m^2　ウマ：236m^2

円もおもしろい8　①314cm^2　②86cm^2　③196.25cm^2　④28.5cm^2

いじわるもんだい1　①3000円（10000円で支払う）　②0枚（日曜日は郵便局は休み）
③時速71km以上で走った（70kmも可）

いじわるもんだい2　①5個（あげなかった）　②66.6cm

分数1　①$\frac{9}{24}$　②$\frac{15}{24}$　③$\frac{3}{8}$　④$\frac{5}{8}$　⑤$\frac{24}{72}$　⑥$\frac{1}{3}$

分数2　①　②　③　④　⑤　⑥　⑦

⑧

分数3　①　②　③　④　⑤　⑥　⑦

⑧　⑨　⑩　⑪

分数4　①ウ、エ、オ、カ　②イ、エ、ク

分数5　①可能性は半分半分だ　②勝てる可能性が低い
③どんなことでも「へ理屈」はつけられる　④ゴミをいろいろな種類に分けて出す
⑤煙草をすえる場所や時間を分ける　⑥仲間内で同じになるように分ける

⑦差別する　⑧身分や地位の低い者のくせに　⑨命令するものと従う者の間がら
⑩無茶苦茶に忙しい

分数6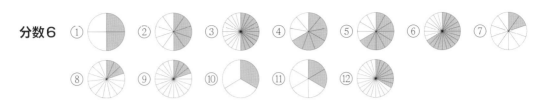

分数7 （左から）①1、2、3、4、6　②1、2、3、4、8　③2、4、6、8、16

④1、2、3、6　⑤3、6、9、18、$\frac{21}{28}$（$\frac{24}{32}$、$\frac{27}{36}$、$\frac{30}{40}$など）

分数8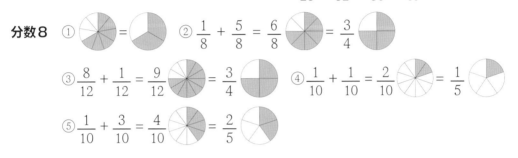

分数9 ①1500円　②750円　③4分の1　④4枚

分数10 ①$\frac{2}{3}$　②$1\frac{1}{3}$　③$\frac{5}{4}$　④$2\frac{7}{12}$

分数11 ①$\frac{1}{6}$　②$\frac{20}{6}$　③$3\frac{2}{6}$　④4枚　⑤5枚

分数12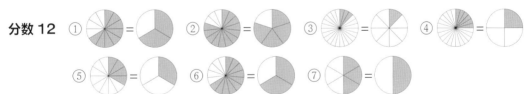

分数13 ①4　②4、3　③$\frac{4}{5}$　④$\frac{6}{8}$、4　⑤$\frac{6}{9}$、3　⑥$\frac{4}{10}$、$\frac{2}{5}$　⑦$\frac{4}{12}$、$\frac{1}{3}$

⑧$\frac{8}{12}$、$\frac{2}{3}$

分数14 ①$\frac{7}{8}$（$\frac{4}{8}+\frac{3}{8}$）　②$\frac{1}{2}$（$\frac{2}{10}+\frac{3}{10}$）

分数15 ①$\frac{11}{12}$（$\frac{1}{4}+\frac{2}{3}=\frac{11}{12}$）　②$\frac{1}{12}$（$1-\frac{11}{12}=\frac{1}{12}$）

③ごんちゃん：600万円（$2400 \times \frac{1}{4} = 600$）、

　ひでちゃん：1600万円（$2400 \times \frac{2}{3} = 1600$）　④200万円　⑤

分数16　①14枚（$\frac{1}{6} \times 84 = 14$）　②9本（$\frac{1}{3} \times 27 = 9$）

分数17　①10（$1\frac{1}{4} \times 8 = 10$）　②49（$2\frac{1}{3} \times 21 = 49$）

分数18　①3まい　②3まい（$\frac{1}{3} \times 9 = 3$）　③2まいと半分（$\frac{1}{4} \times 10 = 2\frac{1}{2}$）

　④4まい（$\frac{2}{3} \times 6 = 4$）

分数19　①$\frac{1}{4}$まい　②3まい　③3まいと$\frac{3}{4}$

分数20　①5人　②2人　③3人　④2人

分数21　①$\frac{4}{6} \div \frac{1}{6} = 4$　②$\frac{8}{10} \div \frac{1}{5} = 4$　③$\frac{9}{12} \div \frac{1}{4} = 3$　④$\frac{8}{12} \div \frac{1}{6} = 4$

分数22　①$\frac{4}{6} \div \frac{2}{6} = 2$　②$\frac{12}{15} \div \frac{3}{15} = 4$　③$\frac{10}{15} \div \frac{1}{3} = 2$　④$\frac{18}{24} \div \frac{1}{4} = 3$

分数23　①$\frac{3}{4} \div \frac{2}{4} = \frac{3}{2}$　②$\frac{5}{6} \div \frac{2}{6} = \frac{5}{2}$　③$\frac{7}{8} \div \frac{1}{4} = \frac{7}{2}$　④$\frac{8}{9} \div \frac{3}{9} = \frac{8}{3}$

分数24　①$\frac{1}{4} \div \frac{2}{4} = \frac{1}{2}$　②$\frac{2}{6} \div \frac{2}{3} = \frac{1}{2}$　③$\frac{1}{6} \div \frac{3}{6} = \frac{1}{3}$　④$\frac{1}{8} \div \frac{4}{8} = \frac{1}{4}$

分数25　①2　②$\frac{1}{2}$　③3　④$\frac{1}{3}$

分数26　①$\frac{1}{4} \times \frac{6}{1} = \frac{3}{2}$　②$\frac{4}{9} \times \frac{3}{2} = \frac{2}{3}$

分数27　①$\frac{1}{3} \times \frac{3}{1} = 1$　②$\frac{2}{3} \times \frac{6}{1} = 4$　③$\frac{1}{4} \times \frac{8}{1} = 2$　④$\frac{2}{4} \times \frac{6}{1} = 3$

　⑤$\frac{3}{4} \times \frac{12}{8} = \frac{9}{8}$　⑥$\frac{4}{5} \times \frac{15}{2} = 6$　⑦$\frac{4}{9} \times \frac{6}{7} = \frac{8}{21}$

●監修者紹介

堀　真一郎

1943 年福井県勝山市生まれ。66 年京都大学教育学部卒業。69 年同大学大学院博士課程を中退して大阪市立大学助手。90 年同教授（教育学）。大阪市立大学学術博士。

ニイル研究会および「新しい学校をつくる会」の代表をつとめ，92 年 4 月和歌山県橋本市に学校法人きのくに子どもの村学園を設立。94 年，大阪市立大学を退職して，同学園の学園長に専念し，現在に至る。

主な著書と訳書

『自由教育の名言に学ぶ―子どもは一瞬一瞬を生きている』（黎明書房，2023）

『新装版　きのくに子どもの村の教育―体験学習中心の自由学校の 20 年』（黎明書房，2022）

『教育の革新は体験学習から―堀真一郎教育論文集』（黎明書房，2022）

『新訳　ニイルのおバカさん―A.S. ニイル自伝』（黎明書房，2020）

『ごうじょう者のしんちゃん』（黎明書房，2020）

『新装版　増補・自由学校の設計―きのくに子どもの村の生活と学習』（黎明書房，2019）

A. S. ニイル『新版ニイル選集・全 5 巻』（黎明書房，2009）

『自由学校の子どもたち―きのくに子どもの村のおもしろい人々』（黎明書房，1998）

『きのくに子どもの村―私たちの小学校づくり』（ブロンズ新社，1994）

『教育の名言―すばらしい子どもたち』（共著，黎明書房，1989）

『自由を子どもに―ニイルの思想と実践に学ぶ』（編著，文化書房博文社，1985）

『世界の自由学校』（編著，麦秋社，1985）

『ニイルと自由な子どもたち―サマーヒルの理論と実際』（黎明書房，1984）

J. アルヴァン『自閉症児のための音楽療法』（共訳，音楽之友社，1982）ほか。

連絡先 〒648-0035 和歌山県橋本市彦谷 51 番地　きのくに子どもの村学園
☎ 0736-33-3370／E-mail：info@kinokuni.ac.jp

きのくに子どもの村小学校の手づくりおもしろ学習プリント
［かず］低学年

2024年7月1日　　初版発行

監修者　堀　　真　一　郎
発行者　武　馬　久　仁　裕
印　刷　藤　原　印　刷　株　式　会　社
製　本　協　栄　製　本　工　業　株　式　会　社

発 行 所　　　　　　株式会社　黎 明 書 房

〒460-0002　名古屋市中区丸の内3-6-27　EBS ビル
☎ 052-962-3045　FAX052-951-9065　振替・00880-1-59001
〒101-0047　東京連絡所・千代田区内神田1-12-12　美土代ビル 6 階
☎ 03-3268-3470

きのくに子どもの村小学校の
手づくりおもしろ学習プリント〈かず〉高学年

堀真一郎監修
きのくに子どもの村学園編著　Ｂ５・101頁　2200円

日本一自由で楽しい学校，きのくに子どもの村学園の，子ども達の基礎学力を支える，オリジナルおもしろ学習プリントをフルカラーで88枚収録！　パーセント，平均，比例，面積，ツルカメ算など。近刊。

きのくに子どもの村小学校の
手づくりおもしろ学習プリント〈ことば〉

堀真一郎監修　きのくに子どもの村学園編著
Ｂ５・101頁　予価2200円

日本一自由で楽しい学校，きのくに子どもの村学園の，子ども達の基礎学力を支える，オリジナルおもしろ学習プリントをフルカラーで89枚収録！　ひらがな，カタカナ，漢字，俳句，ローマ字，地名など。続刊。

自由教育の名言に学ぶ
子どもは一瞬一瞬を生きている

堀真一郎著　Ａ５・184頁　1900円

日本一楽しく自由で真の学力が身につく私立学校，きのくに子どもの村学園の学園長が，自由教育の真髄を，ルソー，ニイル，上田薫などの名言を通して語ります。学園での子どもたちの写真も多数掲載。

体験学習で学校を変える
きのくに子どもの村の学校づくりの歩み

堀真一郎著　Ａ５・157頁　1800円

どのようにして，日本一自由な私立学校，きのくに子どもの村学園はでき，子どもや保護者に支持され，日本中で展開するに到ったのかを，興味深いエピソード，豊富な写真を交えて紹介。

新装版　きのくに子どもの村の教育
体験学習中心の自由学校の20年

堀真一郎著　Ａ５・272頁　2900円

日本の教育の希望として注目される，日本一自由で楽しい私立学校，きのくに子どもの村学園。そのユニークな実践と考え方を詳しく紹介。『きのくに子どもの村の教育』に内容を一部追加した新装版。

中学生が伝える
恐ろしいやまい・地方病

堀真一郎監修　南アルプス子どもの村中学校ゆきほたる荘著
Ａ４上製・44頁　1700円

多くの人々の長年にわたる努力によって，国内では撲滅された地方病（日本住血吸虫症）について，中学生が調べ，絵や写真をまじえてわかりやすく書いた本。目黒寄生虫館館長・倉持利明氏推薦。オールカラー。

中学生がまとめた
山の村のこわい話

堀真一郎文　きのくに子どもの村中学校わらじ組編・絵
Ａ５・135頁　1600円

日本一自由な私立学校，きのくに子どもの村学園の中学生が，先輩たちの地域研究を受け継ぎ，学園がある彦谷の地に伝わる数々の怖い話をまとめました。バラエティー豊かな怖くて悲しい伝説集です。

増補　山の村から世界がみえる
中学生たちの地域研究

堀真一郎監修　きのくに子どもの村中学校わらじ組著
四六・168頁　1800円

日本一自由なきのくに子どもの村学園の中学生が，和歌山県の彦谷の歴史と風土と過疎の問題を追求した前著から10年。更に過疎化の進む村について，村人へのインタビューを通し，中学生が考えた増補版。

増補・中学生が書いた消えた村の記憶と記録
日本の過疎と廃村の研究

堀真一郎監修　かつやま子どもの村中学校こどもの村アカデミー著　Ａ５・253頁　2400円

自分たちが通う福井県勝山市にある学校の近くに消えた村があった。中学生たちが県内外の消えた村を訪れ，村のくらしと歴史，消えた理由を追究。2014年刊行の前著にその後新たに消えた村の調査を加筆。
